Fortissima

Beatrice Venezi

Fortissima

Destins de musiciennes rebelles

Traduit de l'italien par Françoise Bouillot
en collaboration avec Mario Pasa
Présentation de Mario Pasa

PAYOT

Retrouvez l'ensemble des parutions
des Éditions Payot & Rivages sur

www.payot-rivages.fr

Titre original :
LE SORELLE DI MOZART
Storie di interpreti dimenticate,
compositrice geniali e musiciste ribelli
(Utet, Milan)

« Mon métier a un nom : chef d'orchestre. » En italien : direttore d'orchestra. *Au masculin. Ces quelques mots prononcés par Beatrice Venezi en mars 2021, lors du festival de Sanremo, lui ont attiré de très violentes critiques alors qu'elle ne méritait vraiment pas d'être taxée d'antiféminisme.*

Déjà très célèbre dans son pays, elle faisait partie du jury chargé de désigner les jeunes espoirs de la variété italienne, après avoir été elle-même un jeune espoir… de la musique classique. Née en 1990 à Lucques (comme Giacomo Puccini, son compositeur préféré), elle n'est pas issue d'un milieu de mélomanes toscans : c'est parce que son école primaire proposait des cours de piano que tout a commencé. Aujourd'hui, elle déploie beaucoup d'énergie pour encourager les jeunes musiciens de tous bords, notamment à Naples dans le cadre de l'Orchestra Scarlatti Young. Et en cette année 2022 où paraît Fortissima, *elle dirige dans plusieurs villes françaises* La Somnambule *de Vincenzo Bellini avec sur scène cinq lauréats du concours international de chant de Clermont-Ferrand.*

Elle soutient que l'écoute attentive du répertoire classique n'est pas réservée à ceux qui le connaissent déjà et qu'on ne doit pas se sentir intimidé par tant de chefs-d'œuvre : il faut juste se laisser aller à les aimer. Cet amour, elle l'a magistralement communiqué dans un précédent livre, Allegro con fuoco[1], *dont le titre résume à merveille la personnalité d'une artiste qui manie la plume aussi aisément que sa baguette de* direttore *– ou de* maestro, *autre titre qu'elle revendique haut et fort.*

Quand on est une femme, il est encore difficile de trouver sa place dans le milieu de la direction d'orchestre, et en Italie plus qu'en France ou dans les pays anglo-saxons. Mais « à mon avis la féminisation des termes n'apporte rien, affirme Beatrice. Je n'ai pas besoin de cela pour me faire admettre dans la profession ». Puisque l'on recherche la parité, pourquoi créer par le vocabulaire des différences supplémentaires entre les sexes ? demande-t-elle en substance. « Je veux être un direttore d'orchestra *parmi d'autres. En anglais, le mot* conductor *vaut pour tout le monde. » Quant au terme* maestra *(« maîtresse »), il évoque décidément trop le métier d'institutrice, s'amuse le* maestro *Venezi – « un métier très différent du mien ».*

Le sien, elle l'exerce dans nombre d'opéras et de salles de concert, et pas seulement en Italie : ailleurs en Europe, aux États-Unis, en Argentine, et même dans des pays où le sexisme reste bien ancré, tels l'Azerbaïdjan, l'Arménie ou le Japon. En Arménie, elle a été la première femme à monter sur un podium de chef d'orchestre. Au Japon, elle a été la première à y monter dans une tenue féminine, alors que les organisateurs lui avaient

---

1. Avec pour sous-titre *Innamorarsi della musica classica* (Milan, Utet, 2019).

fortement suggéré quelque chose de masculin. Auparavant, le quotidien Corriere della sera *l'avait incluse à vingt-sept ans dans sa sélection 2017 des cinquante femmes de toutes nationalités les plus remarquables par leur non-conformisme, leur courage, leur créativité et leur esprit d'innovation.*

Il n'est donc pas étonnant qu'elle ait eu envie de raconter l'histoire de la musique au travers de quelques héroïnes chères à son cœur. Ce n'est pas le premier ouvrage consacré à des compositrices et à de grandes interprètes ayant souvent dû se battre, avec plus ou moins de bonheur, pour trouver leur place dans un monde d'hommes ; mais Beatrice Venezi, elle, n'a pas cherché à les recenser de manière scientifique ou exhaustive, et les quelques portraits qu'elle nous propose sont plutôt des moments musicaux, des esquisses littéraires, des miniatures.

En 1995 déjà, Catherine Cessac résumait parfaitement la situation des musiciennes d'autrefois : « À peu près à toutes les époques, il fut reconnu aux femmes le droit à l'interprétation, vocale puis instrumentale ; en revanche, leur activité en tant que compositeur n'alla pas toujours de soi. [...] On n'apprend pas aux filles, ou que de manière exceptionnelle, les rudiments de la théorie et du contrepoint qui leur ouvriraient le chemin de la composition. À cet égard, Hildegarde de Bingen se révéla une remarquable autodidacte[1]*. » Hildegarde, premier des seize personnages « racontés » dans* Fortissima *– et quel personnage !*

1. *Élisabeth Jacquet de La Guerre. Une femme compositeur sous le règne de Louis XIV*, Arles, Actes Sud, 1995, p. 13-14. Les extraits du *Mercure galant* et de *L'Art de toucher le clavecin* sont tirés de son livre.

L'auteure a dû faire des choix pour rédiger cette partition à seize voix seulement, aussi n'a-t-elle retenu que deux Françaises, Louise Farrenc et Nadia Boulanger. Elle ne nous en voudra pas de rappeler que la France eut son petit Mozart au féminin : Élisabeth Jacquet de La Guerre (1665-1729), venue au monde neuf décennies avant Wolfgang Amadeus. Dès l'âge de cinq ans, elle fait fureur à la cour en jouant du « clavessin » et en chantant. Elle a les faveurs de Louis XIV et de Mme de Montespan, mais une fois adulte et mariée elle ne s'efface pas pour autant. En août 1686, elle fait éditer l'un des « rares recueils de clavecin publiés en France au XVIIe *siècle », souligne Catherine Cessac. Plus tard, elle contribue à l'introduction dans le royaume de la sonate et de la cantate, venues d'Italie.*

En revanche, le public boude en 1694 son opéra Céphale et Procris, *le premier composé par une Française. Elle en est affectée mais finit par se remettre à écrire de la musique, dont les sonates pour violon et clavecin jouées devant le monarque en août 1707. Celui-ci est alors presque septuagénaire, Élisabeth a déjà quarante-deux ans et se trouve veuve. On l'appelle « Mlle de La Guerre », bien que ce soit le patronyme de son défunt époux, mais elle n'a pas eu à se plaindre de cet organiste qui ne jalousait pas son talent. Le compte rendu du concert dans* Le Mercure galant *mérite d'être cité : « Sa Majesté parla à Mlle de La Guerre d'une manière très-obligeante, & après avoir donné beaucoup de loüanges à ses Sonnates, elle luy dit qu'elles ne ressembloient à rien. On ne pouvait mieux loüer Mlle de La Guerre, puisque ces paroles font connoistre que le Roy avait non seulement trouvé sa Musique très-belle, mais aussi qu'elle est originale, ce qui se trouve aujourd'huy fort rarement. » Et pourtant Louis XIV n'était pas féru de sonates. Mais il aimait Élisabeth et l'avait toujours protégée.*

Voilà au moins une artiste qui n'a pas été entravée par les hommes. Ils l'ont même qualifiée de « première musicienne du monde » et de « merveille de notre siècle ». Elle a d'abord été encouragée par un père organiste et claveciniste. Son mariage avec Marin de La Guerre l'a contrainte à quitter Versailles pour Paris, mais elle a pu s'épanouir dans la capitale, entre enseignement, composition et concerts.

À l'époque, François Couperin explique dans L'Art de toucher le clavecin *(1716) que les mains des femmes conviennent mieux à l'instrument que celles des hommes, car « la souplesse des nerfs contribue beaucoup plus au bien-jouer que la force ». De la part d'un si grand maître du clavier c'est un compliment, et dans le genre anatomisme sexiste c'est toujours plus agréable à entendre que les délires de médecins du siècle suivant sur la « petitesse relative » des cerveaux féminins.*

Par le passé, les musiciennes n'ont certes pas eu la vie facile dans un univers masculin, et l'exergue de Fortissima *est une sentence d'autant plus terrible qu'elle n'est pas si ancienne, mais en leur rendant justice l'Histoire enfin revisitée ne crée-t-elle pas une communauté d'artistes des deux sexes, par-delà le temps, postérité tardive ou pas ? Voilà de quoi plaire au* direttore d'orchestra *Beatrice Venezi, qui ne cherche pas à mener les hommes à la baguette pour venger ses sœurs en musique.*

M.P.

Il n'y a pas de femmes compositrices,
il n'y en a jamais eu et il n'y en aura jamais !

Sir Thomas Beecham (1920),
fondateur de l'Orchestre philharmonique de Londres.

Je dédie ce livre à mes parents, Daniela et Gabriele, qui m'ont appris combien étaient importants le libre arbitre et l'esprit critique, la confiance en soi et le courage d'affirmer ses idées sans se conformer aux attentes des autres. Ce sont eux qui ont fait de moi la femme que je suis.

Je dédie également ce recueil d'histoires à toutes les femmes, qu'elles soient sœurs, épouses, mères ou filles – absolument toutes. Ne laissons personne nous dire que nous ne sommes pas aptes à entreprendre certaines choses ou que nous ne sommes pas assez bien pour le faire, que certains domaines nous sont interdits ou que nous n'avons pas le droit de réclamer plus et mieux, d'exiger d'avoir notre place dans le monde.

Ils se trompent, ceux qui croient cela : nous pouvons être tout ce que nous voulons.

Prologue

Voici l'histoire de quelques femmes remarquables. Des musiciennes de génie. Des compositrices audacieuses. Des interprètes sublimes. Des femmes singulières qui ont réussi à s'imposer dans un monde qui se serait volontiers passé d'elles. Un monde qui les a jugées inadaptées, impudentes, scandaleuses, incapables. Un monde qui n'a cessé d'en appeler contre elles à la moralité ou à une prétendue supériorité biologique qui ne concéderait qu'aux hommes le talent de produire de la bonne musique.

Voici donc l'histoire de quelques femmes remarquables dans un monde d'hommes. Cette histoire raconte comment, bravant les préjugés, bravant les interdictions, une poignée de rebelles ont décidé de défier les conventions par amour de l'art et de la musique. Une rébellion trop souvent effacée de l'historiographie officielle.

Tout commence au Moyen Âge. Nous sommes à Bingen, une petite localité qui a prospéré dans la vallée où la Nahe se jette dans le Rhin. C'est là que débute notre récit, dans un couvent de sœurs guidées par l'intuition géniale et révolutionnaire d'Hildegarde : la première musicienne dont l'Histoire garde vraiment le souvenir.

Hildegarde s'est vouée à sainte Ursule, que la légende nous montre royale et très belle, s'en allant à la tête de onze mille vierges en pèlerinage à travers l'Europe. Sainte Ursule martyre, paladine de la sororité – de l'union, du soutien et de l'aide entre les femmes.

Hildegarde, résolue et portée à l'action, qui croit fermement à l'idée de diffuser sur un mode choral la parole de Dieu.

Hildegarde, qui a des visions et qui passe pour folle.

Hildegarde, qui ne prend ses ordres que de Dieu, raison pour laquelle l'Église préférerait qu'elle ne chante pas, qu'elle ne laisse pas ses harmonies inonder les églises.

Mais les écrits restent, et pour que leur musique ne disparaisse pas il a aussi fallu que des femmes aient le courage de la coucher sur le papier. Un geste si naturel aujourd'hui, mais si révolutionnaire autrefois pour celles qui n'avaient même pas le droit de revendiquer leurs œuvres.

Il n'était pas convenable pour une femme de s'adonner à la composition. Elle pouvait tout au plus exécuter celles des hommes : pour se divertir, pour s'occuper, pour tuer le peu de temps libre que lui laissait la vie entre deux tâches domestiques.

Et de toute façon sa propre musique disparaissait.

Oui. De cette musique ancienne, quand elle a été composée par une femme, rien ou presque ne nous est parvenu.

Jusqu'au baroque, qui fait irruption en fanfare dans ces pages, éclatant, tonitruant. Et il semble que dès lors tout peut changer. L'Europe se peuple de musiciennes. Les peintres les immortalisent avec leur instrument, quelques-unes signent même leurs partitions, elles sont payées à l'égal des hommes.

Mais comme on le sait, il arrive que l'Histoire fasse marche arrière au lieu de poursuivre sur sa lancée. Les hommes font la grimace : leur primat dans l'art, obtenu sans combattre, est menacé. Le respect des conventions masque en réalité le malaise d'une société qui veut reléguer les femmes dans leur foyer.

En 1633, le poète Fulvio Testi écrit à François d'Este, duc de Modène : « Une femme qui exerce le métier de musicienne met gravement en danger sa réputation. Si Votre Altesse recherche une parfaite honnêteté chez les chanteuses, qu'Elle ne tourne pas ses regards de leur côté. Sous nos cieux, celles-ci prennent de plaisantes licences ; et bien d'autres femmes encore, qui ne savent pas chanter, par cette même licence deviennent chanteuses. »

Les hommes sont supérieurs, ils sont les seuls qui puissent aspirer à la création artistique, qui puissent prétendre transmettre des émotions par le biais de l'art. Et une fois de plus, la moralité, la réputation sont les armes qui servent à priver les musiciennes de leurs instruments. À en croire Testi, certaines femmes exercent l'art du chant à leur façon, sans savoir chanter. Il ne s'attarde pas en explications, tout reste dans le sous-entendu. Mais aujourd'hui, les oreilles rebattues depuis si longtemps par ce genre d'insinuations, nous comprenons parfaitement ce qu'il veut dire : quand une femme atteint une position éminente, ce n'est pas grâce à ses dons mais à des talents cachés qu'elle exerce au profit des puissants du jour en échange d'un peu de visibilité.

Et ce n'est que le commencement.

En 1686, un décret pontifical prétend interdire à toutes les femmes, « filles, mariées ou veuves », d'étudier la musique, de fréquenter les conservatoires et de se produire en public.

Celles qui persistent dans cette discipline le font pour leur plaisir personnel, pour cultiver une aimable qualité qui est comme un supplément de dot. Mais si elles peuvent jouer d'un instrument tant qu'elles sont filles, il leur faut surtout s'occuper de la maison une fois mariées.

À cet égard, et malgré toutes ses innovations, le romantisme se révèle être l'une des périodes les plus sombres. Les femmes de ce temps-là ne se définissent pas sans les hommes. Comme si elles ne pouvaient exister par elles-mêmes. Le plus souvent, les choses se passent ainsi : lorsqu'elles sont de brillantes musiciennes mais qu'elles sont liées par le sang ou par l'amour à des hommes de talent, elles sont tenues de se sacrifier pour leur laisser la place. C'est la pratique d'une société habituée, comme déjà au siècle de la moniale de Bingen, à ne pas les voir, à ne pas les écouter, à ne leur concéder qu'un rôle de fille, de sœur, d'épouse et de mère, à mesure que s'écoule leur existence.

Il faut attendre le XXe siècle pour que le système commence à vaciller. Un nombre croissant de femmes connaissent la gloire sur scène ; et si certains hommes continuent d'afficher des airs supérieurs, il est clair désormais que l'histoire de la musique ne pourra plus passer sous silence sa composante féminine. Mais tout le monde ne l'entend pas de cette oreille : de nombreux musiciens continuent à s'offusquer et pendant longtemps encore l'Église interdira la présence de femmes dans les chœurs. Il n'empêche, la voie est désormais ouverte.

De nos jours encore, elles ne sont pas si nombreuses, celles à qui l'on pardonne un talent musical, et surtout le succès. On entend en arrière-plan une rumeur sournoise, un « Dieu sait comment elle est arrivée là ! » suivi d'un : « Ça ne durera pas… » Et pourtant ça dure parfois, et même longtemps : à elles toutes, ces artistes d'hier et d'aujourd'hui peuplent les pages d'une histoire extraordinaire dont les échos n'en finissent pas de résonner.

Ce sont des révolutionnaires sans le savoir. Depuis l'abbesse Hildegarde, qui expliquait le cycle menstruel à ses religieuses, jusqu'à Björk, menue et mystérieuse, qui expérimente derrière ses masques et fait exploser les frontières de la musique. Pop ? Rock ? Classique ? Techno ? Femme ? Homme ? Avec quel visage ? Sous quelle forme ? Peu importe ! Oui, vraiment, c'est sans importance. Seule compte la musique, qui est belle ou qui ne l'est pas.

Chaque héroïne de ce livre est une femme que j'aurais voulu être, que je suis peut-être en partie ou que je ne serai jamais. Chacune, si éloignée soit-elle dans le temps et l'espace, nous prouve ce qu'il faut de travail et de courage pour que naisse la musique. Car toutes sont des femmes remarquables dans un monde d'hommes. Des musiciennes de génie. Des compositrices audacieuses. Des interprètes sublimes. Leur destin est une histoire de préjugés et d'interdictions. Une histoire souvent tragique faite d'échecs et de révolte, mais aussi de talent et de passion. L'histoire de seize femmes novatrices et rebelles sans lesquelles je n'aurais peut-être pas la chance aujourd'hui de pouvoir monter sur un podium de chef d'orchestre.

Hildegarde de Bingen

La femme qui prêta sa voix à Dieu

Jésus est une femme, ça ne fait aucun doute. Et si vous pensez à un quelconque manifeste des années 1970, vous n'y êtes pas du tout. Il faut reculer d'au moins dix ans. Non : de vingt, trente, quarante ans. Disons cinquante, cent, deux cents. Allons jusqu'à neuf cents, et n'en parlons plus.

De fait, Hildegarde naît en 1098 – dans un monde entièrement masculin, dans un monde régi par quantité de dogmes. On est loin encore du temps des Lumières et des grandes remises en cause : c'est celui de la foi et de l'obéissance, un temps qui s'écoule sous les grandes arches des cathédrales, un temps où au nom de l'Église on traque, on persécute, on déclenche des guerres.

Hildegarde n'est qu'une enfant lorsqu'elle commence à voir des choses étranges : c'est comme si ses visions brisaient les ténèbres, et aussi le silence. Il ne s'agit pas de saints ou de madones mais d'une lumière aveuglante qui l'ébranle, lui tord le ventre, la terrorise. Quelle différence y a-t-il entre ceux qui prétendent voir des choses que les autres ne voient pas et ceux qui les voient réellement ? Aucune. Pour le reste du monde ce sont tous des fous, et le plus prudent à cette époque (mais pas seulement) c'est de les enfermer.

Voilà pourquoi l'histoire que nous allons raconter commence dans l'abbaye rhénane de Disibodenberg, près d'Odernheim. Là réside une fillette d'à peine huit ans. Cloîtrée parce qu'elle est de santé particulièrement fragile, mais surtout parce qu'elle est minée par ces étranges visions, ces délires qui la rendent si différente – de ses frères, des enfants de son âge, des autres en général.

« Surtout, n'en parle à personne ! Des migraines… Ce sont de simples migraines ! »

Et Hildegarde obéit. Elle restera muette sur la question pendant plus de trente ans.

Hildegarde de Bingen : c'est sous ce nom que nous la connaîtrons. Car sur cette Terre c'est à Bingen, au bord du Rhin, que son existence laissera une empreinte. Une existence de religieuse mais aussi de rebelle. Une vie de dévotion et d'anticonformisme tout à la fois.

Née dans une famille noble, elle est la dernière de dix enfants. Si elle était une couleur, ce serait le vert. Parce que l'adjectif *viridis* ne signifie pas seulement « vert » mais aussi « frais », « vigoureux ». Or, pour une enfant si fragile qui a grandi au couvent, ce n'est pas une mince affaire de se faire la championne de la *viriditas* – de la verdeur, de la force. Vert comme les bourgeons et les plantes. Vert comme l'espoir que ces plantes qu'elle va cueillir pour les étudier et en faire des potions puissent vraiment guérir. Vert comme le printemps, dont l'arrivée la libère du gel des émotions dans lequel elle sombre parfois.

Elle prend le voile à quatorze ans, en 1112. Commence alors son histoire d'amour avec Dieu, une histoire très moderne et très tourmentée. Bien loin de l'image de la femme qui accepte en se taisant, elle se bat. Tout ce qui existe, elle lui redonne vie sur un mode original et critique, mais toujours sous le regard attentif de Dieu.

Le corps, pour commencer. Il ne doit nullement être mortifié par des jeûnes et des flagellations, comme semble l'imposer la foi ; au contraire, il doit être respecté, nourri et même embelli. Parce que ce corps est avant tout un utérus, et que pour Hildegarde l'utérus c'est le monde.

Conséquence : Jésus, incarnation de l'esprit divin dans la Création, ne peut être qu'une femme. La part humaine et passionnelle de Dieu. Non, nous ne sommes pas dans les années 1970 mais au début du XIIe siècle. Et la femme est mère. Si cette conception vous paraît dépassée, remettez donc vos idées à jour.

Au couvent, Hildegarde fait office de gynécologue auprès de ses sœurs. À une époque qui voit quelque chose de honteux dans le sang menstruel, elle sait le présenter comme un élément nécessaire dans une machine parfaite capable de donner la vie. Ce sang en est la preuve, car la matrice reste source potentielle de vie même quand il n'y a pas de naissance. Bien au-delà de l'accouchement, la maternité concerne tout ce qui existe, prêche Hildegarde. Voilà pourquoi la femme est un être universel, divin, supérieur. Un être fort.

Fort comme Hildegarde, précisément, qui n'a pas d'enfants mais qui devient mère d'une infinité de disciplines, mère de ce que nous pourrions définir comme de l'homéopathie, mère de la « science naturelle » (aujourd'hui la physique), de la philosophie, de la poésie, de la musique. Cette musique inouïe qu'elle compose et qu'elle laisse à la postérité.

Mais comment cette *paupercula forma* – cette « pauvre petite créature », comme elle se qualifie – peut-elle pratiquer le latin, la médecine et les arts ? Elle n'est pas allée à l'école, à cause de Dieu. Alors Dieu lui a servi de précepteur. Il lui a tout enseigné sans qu'elle s'en rende compte. Hildegarde n'est qu'une petite plume qui dépend de Sa volonté.

Pourtant, toute son œuvre révèle une immense culture : dans les arts libéraux, mais aussi sur les questions philosophiques et théologiques qui occupent les grands penseurs du Moyen Âge, très loin de son abbaye. Son intelligence lui permet d'évoluer entre des matières et des concepts très divers, avec une virtuosité et une acuité qu'on ne retrouvera peut-être pas avant Léonard de Vinci, des siècles plus tard.

Hildegarde cultivée mais humble. Hildegarde confiée au vent de Dieu, qui l'élève jusqu'à Lui.

La musique de la sainte qui n'est pas encore une sainte prend de l'ampleur. Comme la pensée de sa créatrice, qui s'élève au-delà de l'idée que ses contemporains se font de la femme, de l'idée que l'on se fait d'une religieuse. Au-delà du concept d'« intellectuel ». Elle va toujours plus haut. Si haut que lorsqu'on la chante, cette musique difficile à chanter, il faut faire s'envoler la voix sur deux octaves et demie.

Nous sommes loin de l'unique octave considérée comme la norme dans le chant grégorien, et qui semble soudain une prison. Avec Hildegarde, les notes aussi se sentent libres de s'échapper et de devenir ce qu'elles veulent.

Elle compose sans avoir appris ; elle respecte certaines règles qui sont les canons de son temps, mais elle invente un style nouveau. Elle privilégie par exemple le demi-ton et rend sensuelle une musique liturgique qui doit rester immédiatement accessible, même dans sa complexité, et donc rigoureusement monodique, parce que pour parler à un dieu unique il faut une voix unique. À cela près qu'avec Hildegarde cette voix unique qui a toujours été masculine devient celle d'une femme. Jésus est une femme, c'est pourquoi les femmes aussi sont dignes de chanter et de communiquer directement avec Dieu par le langage musical. Mais il ne s'agit pas seulement de musique et de sons. Il s'agit de chanter l'ordre du monde, de traduire en notes et en mélodies la symphonie cosmique composée par Dieu, de créer « un écho de l'harmonie du ciel ».

Gustav Mahler a dit un jour à Sibelius qu'une symphonie devait être comme le monde, c'est-à-dire contenir la totalité des choses. Hildegarde l'avait déjà compris. Chez elle, les sons et les paroles se répondent pour faciliter la compréhension et assurer une médiation avec Dieu, avec le cosmos. Elle obtient ainsi une musique équilibrée, pas vraiment différente dans la forme de celle des autres, et pourtant audacieuse, dictée par les étranges visions avec lesquelles elle a grandi. Cette musique aura valeur de message divin pour les monastères qui vont l'adopter, qu'ils soient peuplés d'hommes ou de femmes.

Car toute âme est symphonique, écrit Hildegarde, et ce chant qu'elle porte, elle le transmet au-delà des murs de son abbaye : « Chaque symphonie de voix et d'instruments qui est dirigée vers le ciel est une façon de revenir à la condition paradisiaque qu'a perdue l'homme. La symphonie est à la fois matérielle et immatérielle en cela que les voix sont humaines et les instruments fabriqués et joués par des créatures terrestres, non par des anges. La musique terrestre vient de la Terre, et pourtant elle n'est pas attachée à la Terre ; c'est pourquoi le musicien et ceux qui écoutent sa musique accéderont à la vie éternelle. »

Cela demande du courage, enseigne la petite nonne qui en tient pour la couleur verte.

La femme fille, la femme mère, la femme épouse, la femme chaste, la femme muette. Cela fait si longtemps qu'on ne leur laisse aucun autre choix. La femme ne parle pas en public, et il n'est pas question qu'elle vienne rivaliser sur scène avec les hommes !

Et pourtant, le destin d'Hildegarde s'illumine au contact de Bernard de Clairvaux. C'est un homme, c'est un religieux, mais c'est aussi l'ami et le conseiller du pape Eugène III. Écris, Hildegarde ! lui dit Bernard. Ce que tu vois, ce que tu sens, ce que tu chantes, écris-le ! Et Hildegarde, qui entre-temps est devenue abbesse, se lance : elle écrit, elle écrit sans cesse, elle n'arrête plus. Elle se laisse aider par un moine, Volmar, et par une jeune noble, Richardis, qu'elle a accueillie au monastère et dont elle s'occupe comme de sa propre fille.

Hildegarde a fini de se taire. Elle raconte ses visions. Elle en recueille vingt-six dans le *Scivias* et accompagne ses récits d'illustrations. Quand le pape Eugène fait l'éloge de ce livre avant même qu'il soit terminé, un jour de 1148 dans la cathédrale de Trèves, quelque chose se met à briller. C'est la renommée d'Hildegarde, la Sibylle du Rhin, comme ils l'appelleront tous. Dès lors, elle ne cessera plus de parler et d'être une messagère entre le monde terrestre et le monde céleste.

La « trompette de Dieu », c'est cela que devient la frêle bénédictine. Et les grands de ce monde, des hommes, des femmes s'intéressent à elle, la réclament, viennent la consulter. Ses paroles sont des oracles, ses mains sont des remèdes. Elle se met à voyager pour remplir sa mission, pour son travail, mais aussi par passion.

Comme le font les femmes d'aujourd'hui. Et pourtant, ce n'est pas aujourd'hui qu'évolue Hildegarde, ce n'est pas dans notre temps qu'elle reçoit toutes ces marques d'approbation et qu'elle acquiert une notoriété si grande qu'elle peut se permettre de conseiller l'empereur Frédéric Barberousse. Elle lui dira son fait en lui expliquant que sa politique anticléricale est une erreur et que cela lui portera tort. Une femme qui ose s'adresser à un monarque, et qui plus est pour l'admonester ! Et aussi une femme qui ose parler en public – l'une des premières autorisées à le faire.

Hildegarde est pour son couvent une source vive et intarissable. Toutes les religieuses veulent demeurer où demeure celle qui prête sa voix à Dieu. Intrépide, fidèle, illuminée – mais avant tout une femme libre : elle demande aux autres sœurs de la suivre et s'en va fonder à Bingen un monastère féminin tout à elle. En réalité, ce qu'elle crée n'est pas seulement un monastère mais un nouveau style de vie. Entaché de péché pour certains, trop frivole pour d'autres. Parce qu'à ses nonnes Hildegarde donne un ordre très clair : faites-vous belles ! Belles ? Serait-ce encore une folie de cette mystique rhénane qui s'amuse avec des plantes qu'elle croit capables de guérir et qui, l'instant d'après, se met à employer une langue inconnue qu'elle dit avoir reçue des anges et dont elle a compris l'alphabet ?

Mais qu'en est-il alors de la mortification du corps, du renoncement à toute vanité ? Il n'y a donc pas que l'âme pour aspirer au paradis et échapper à l'enfer ? Non ! s'écrie Hildegarde. Encore une fois, Jésus est une femme, il est fait de chair et d'os. Avec ses yeux il a regardé, avec sa bouche il a mangé, parlé, chanté. Donc, faites-vous belles !

On parle beaucoup des sœurs de Bingen vêtues de vert, et qui mettent des bijoux pour aller à la messe. Qui veillent même à leur coiffure pour être dignes de Dieu, mais aussi pour elles-mêmes – pour leur corps, qui est un temple et qui doit être vénéré comme tel.

Hildegarde : la première compositrice qui nous ait laissé des témoignages écrits.

Hildegarde : une nonne qui fut pourtant la première féministe de l'Histoire.

Le pape Benoît XVI, bien qu'ardent conservateur, a su reconnaître le caractère exceptionnel de cette dévote révolutionnaire et l'a proclamée docteur de l'Église le 7 octobre 2012, peu après avoir entériné sa canonisation : pour l'extraordinaire actualité de son message ; pour son charisme et ses hautes spéculations, qui sont un encouragement à la recherche théologique ; pour sa réflexion sur le mystère du Christ considéré dans toute sa beauté ; pour sa contribution au dialogue entre l'Église et la culture, la science, l'art de notre temps ; et enfin pour sa musique.

« Précisément parce que Dieu "parle", l'homme est appelé à l'écouter. Cette idée offre à Hildegarde l'occasion d'exposer sa doctrine du chant, en particulier du chant liturgique. Le son de la parole de Dieu donne la vie et se manifeste dans les créatures. [...] Mais naturellement, c'est l'homme, la créature qui par sa voix peut répondre à la voix du Créateur. Et il peut le faire essentiellement de deux façons : *in voce oris*, c'est-à-dire dans la célébration de la liturgie, et *in voce cordis*, c'est-à-dire en menant une vie vertueuse et sainte. La totalité de l'existence humaine peut donc être interprétée comme une harmonie et une symphonie. »

C'est par ces mots que Benoît XVI a expliqué sa décision de nommer Hildegarde docteur de l'Église. L'époque actuelle a cousu sur la poitrine de la religieuse, presque un millénaire après sa naissance, un titre que l'Église catholique a rarement conféré dans l'Histoire. Et qu'elle a encore plus rarement concédé à une femme.

La renommée d'Hildegarde a franchi les siècles. Peut-être Dante lui-même a-t-il pu consulter un codex contenant son *Liber divinorum operum*, à Lucques, ma ville natale, où il se trouve encore. À en croire certains – et c'est peut-être vrai –, les visions si immédiates et profondes de la nonne se sont enracinées en lui, pour ensuite trouver place dans sa *Divine Comédie* : l'idée par exemple d'un univers indivis ayant l'homme en son centre, ou celle d'un Dieu d'une splendeur insurpassable, véritable « lumière vivante ».

Hildegarde, dont la spiritualité reste une source d'inspiration pour nous : sage, mystique, expérimentatrice, débordante de musique.

Elle va mourir à l'âge de quatre-vingt-un ans, l'abbesse de Bingen, le 17 septembre 1179 ; et si elle aura pu jouir d'une existence remarquablement longue, c'est notamment grâce au régime alimentaire de son monastère, à l'inflexible rigueur de son mode de vie et à son écoute du corps.

Mais peu avant sa mort, elle désobéit.

Elle ensevelit en terre chrétienne la dépouille d'un chevalier excommunié qui s'est repenti de ses péchés avant de mourir – ce pourquoi, selon celle qui deviendra une sainte et un docteur de l'Église des siècles plus tard, il mérite d'être accueilli par Dieu. L'Église impose à la religieuse d'exhumer immédiatement ce mort. Mais Hildegarde est la femme qui a grandi en écoutant le Seigneur et qui ne prend ses ordres que de Lui. Donc, elle refuse.

En représailles, elle est frappée d'interdiction. À ses nonnes on impose le silence. En ce lieu unique qu'Hildegarde a rendu éclatant de lumière, de musique et de connaissance, on ne pourra plus chanter.

Dans l'une de ses dernières lettres elle écrit : « Prenez garde, vous qui ôtez la musique des églises, parce que vous y laissez entrer le diable. » Mais six mois avant sa mort on lui rend la musique. Sa musique. Toujours la musique : celle qui doit rester et atteindre sans obstacle l'oreille de Dieu.

C'est à nous qu'échoit le devoir de conserver l'histoire de cette femme prodigieuse. De cette femme de demain qui semble née à notre époque – et qui pourtant ne l'est pas. Il faut reculer d'au moins dix ans. Non : de vingt, trente, quarante ans. Disons cinquante, cent, deux cents. Allons jusqu'à neuf cents, et n'en parlons plus.

Maddalena, Barbara, Francesca

Une cour de filles rebelles

Il faudra longtemps avant que l'histoire de la musique rencontre une autre femme. Il faudra attendre cette saison où le monde se met à refleurir, ce moment où les arts renaissent et où la musique multiplie ses voix : d'abord deux lignes mélodiques qui se confondent et s'entrecroisent, puis trois, puis quatre, puis cinq, et ainsi de suite, dans un vertige infini qui va aboutir à de petits chefs-d'œuvre de maestria.

Les formes polyphoniques commencent à se développer au Moyen Âge et sont codifiées à la Renaissance : le motet, la messe, le magnificat, le chant responsorial dans le genre sacré ; la frottola, le strambotto, le madrigal, la villanelle, la canzonetta dans le genre profane. La musique s'allie à la parole comme elle ne l'a encore jamais fait, en suivant le sens des vers, en reproduisant leur métrique, en soulignant l'expressivité et la dramaturgie propres à la poésie.

C'est la grâce de la Renaissance, le triomphe des sentiments.

Dans nombre de cours, en particulier celles de Ferrare et de Mantoue, les femmes occupent une place de plus en plus importante. Avoir une fille n'est plus un si grand malheur, surtout lorsque celle-ci recèle un trésor dans sa voix. À la cour d'Alphonse II d'Este naît le *concerto delle dame*, un ensemble vocal qui réunit les meilleures chanteuses du XVIe siècle. À ces artistes on dédie souvent des madrigaux ou des poésies – ainsi le Tasse, qui écrit pour l'une d'elles un dialogue sur l'amour. Elles embellissent ensuite ces œuvres en improvisant des variations avec ces voix aiguës dont l'Église ne pourra bientôt plus se passer.

Mais elles ne se voient pas accorder le titre de compositrices, car elles ne signent pas les pièces musicales qu'elles conçoivent. Pour en trouver une qui le fasse il faut s'arrêter en 1566 sur cette heureuse exception qu'est Maddalena Casulana.

Son assez brève existence – elle débute dans les années 1540 et s'achève selon certains chercheurs aux alentours de 1590, peu avant l'explosion du baroque – demeure en grande partie un mystère, mais son nom restera inscrit à jamais dans les livres d'histoire de la musique occidentale.

Née à Casole d'Elsa, près de Sienne, Maddalena est la première femme qui ait publié ses compositions. Toute son existence est synonyme d'affirmation et de conquête d'un nouvel espace. Elle écrit surtout des madrigaux pour trois ou quatre voix, la forme la plus en vogue à son époque. Conçu pour trois à cinq voix et pour des instruments tels que la viole de gambe ou la viole d'amour, le madrigal est particulièrement adapté aux concerts de cour et à ceux qui se donnent dans les espaces intimes des ducs et des marquis.

En 1566, un éditeur de Venise insère cinq madrigaux pour quatre voix de Maddalena Casulana dans un recueil intitulé *Il Desiderio*. Le seul nom féminin est le sien aux côtés de ceux des musiciens les plus importants de son temps.

Mais cela ne lui suffit pas. Pour elle, publier ses propres œuvres est un acte de revanche et d'affirmation. Aussi édite-t-elle en 1568 son premier livre de madrigaux, dont voici la dédicace :

« À la très illustre et excellente dame, la Signora Donna Isabella de' Medici Orsina, duchesse de Bracciano. Je conçois véritablement, très illustre et excellente dame, que ces prémices sont trop faibles pour me permettre d'atteindre l'effet que je souhaiterais ; à savoir, outre donner à Votre Excellence quelques témoignages de ma dévotion, exposer au monde (pour autant que j'y sois autorisée dans cette profession de la Musique) la vaine erreur des hommes, lesquels se croient si bien les maîtres des plus hauts dons de l'esprit qu'ils s'imaginent que ceux-ci ne peuvent être partagés par les femmes. »

Au-delà de la déclaration d'humilité de Maddalena, qui déplore la faiblesse de ses compositions pour atteindre l'effet qu'elle désire, arrêtons-nous sur la seconde partie de sa dédicace : ici, la Casulana voudrait démontrer par la simple existence de ce volume que « dans la profession de la Musique » les hommes se trompent en jugeant les femmes incapables de les égaler.

Elle s'épanouit, Maddalena, tout comme sa production musicale. Ses recueils sont lus, chantés, joués, réimprimés. Ses madrigaux restent assez classiques, elle n'a pas l'audace de ses contemporains bien plus connus que sont Claudio Monteverdi et Carlo Gesualdo, prince de Venosa, mais ses mélodies sont agréables à interpréter et faciles à mémoriser. L'illustre Roland de Lassus reconnaît son talent et apprécie la facture de ses compositions. En 1568, il dirige même l'un de ses motets à l'occasion du mariage de Guillaume VI, duc de Bavière.

Néanmoins, ni la célébrité de Maddalena Casulana ni la puissance de sa dédicace à la duchesse de Bracciano ne suffisent à changer les choses en profondeur.

Seuls soixante-six des nombreux madrigaux qu'elle a écrits – et signés – nous sont parvenus. Si son nom brille d'un tel éclat au fronton de ce livre, c'est qu'après elle viendra une longue période de régression durant laquelle les femmes auront de nouveau le plus grand mal à signer leur propre musique. Ainsi, en plein romantisme, combien d'œuvres nous seront-elles données comme des créations de Felix Mendelssohn alors qu'elles sont le fruit du génie de sa sœur Fanny ?

Pendant des années, et même des siècles, le présupposé restera le même : les femmes peuvent tout au plus pratiquer la musique comme un divertissement, alors que les hommes, et eux seuls, peuvent se permettre d'en faire une profession. Ces hommes vont donc persévérer, avec un entêtement toujours renouvelé, dans leur « vaine erreur ».

De passage à Milan où s'est établie Maddalena, le musicien Nicolò Tagliaferro l'écoute en concert et observe : « Elle s'est beaucoup divertie, et plus qu'il n'est convenable dans un métier de femme. » Certaines activités conviennent au genre féminin et désormais la musique n'en fera plus partie.

Il n'en reste pas moins que Maddalena Casulana est la première femme en Occident à avoir édité ses œuvres et la première à s'être considérée à tous égards comme une musicienne de profession. Et elle est la première à l'avoir fait dans ce moment extraordinaire où s'est effectué le passage de la production de la Renaissance à celle du baroque, caractérisée avant tout par l'irruption de la musique sur la scène théâtrale.

Au XVIIe siècle, toutes les disciplines artistiques semblent pouvoir se fondre entre elles et la musique est partout. L'art est indissociable du quotidien des nobles, des intellectuels, des courtisans. Les poètes entretiennent des correspondances suivies avec les chanteuses et les femmes peintres fréquentent des musiciennes. C'est ainsi qu'Artemisia Gentileschi devient l'amie de Francesca Caccini. Nous y reviendrons. Ce qui nous intéresse pour l'instant, c'est que le champ musical s'élargit pour couvrir chaque domaine du savoir, rendant la pensée sonore.

La mise en musique de la parole, qui passait par le madrigal, évolue avec l'avènement de l'opéra. La polyphonie typique des madrigaux est abandonnée au profit d'une identification précise des voix avec les personnages de l'intrigue.

L'artisan de cette mutation est la Camerata de' Bardi : ce groupe de beaux esprits et d'artistes (parmi lesquels Vincenzo Galilei, père du célèbre astronome, et Giulio Caccini, père de cette Cecchina que nous allons bientôt rencontrer) se réunit à Florence dans la maison du comte Giovanni Bardi pour parler de musique, de littérature et d'art en général.

En ces temps où l'on redécouvre l'Antiquité, la Camerata a l'idée de remettre à l'honneur la tragédie grecque. C'est elle qui est à l'origine du concept de *recitar cantando* (« dire en chantant »), premier pas vers l'opéra. L'homme qui incarne le mieux cette mutation est Claudio Monteverdi. Avec son *Orfeo* (1607), il conçoit un mélodrame qui est bien l'ancêtre de l'art lyrique tel que nous le connaissons aujourd'hui : c'est en effet une composition extrêmement complexe qui fait appel tout à la fois à la musique, au théâtre, à la scénographie, à la récitation... Un *Gesamtkunstwerk*, selon la vision de Richard Wagner, c'est-à-dire une œuvre d'art totale.

En somme, tout apparaît là, à la charnière de deux siècles, entre deux époques où la créativité humaine est à son sommet. Maddalena Casulana, elle, s'affirme dès avant cette révolution musicale qui va impliquer d'autres musiciennes – des chanteuses, des compositrices comme elle. Épopée glorieuse durant laquelle il semble que la « vaine erreur des hommes » puisse encore être corrigée.

Prenons l'exemple de Barbara Strozzi, née à Venise en 1619. Cette ville représente alors un petit espace de liberté pour les femmes (de façon très relative, s'entend) : elles peuvent étudier la musique, chanter, décider de voyager et même hériter comme les hommes.

Barbara est une soprano, et c'est principalement pour les sopranos qu'elle écrit. Dans ses œuvres – madrigaux, ariettes à une, deux et trois voix, cantates, musique sacrée –, la puissance de la voix l'emporte sur tout le reste. Autant de pièces très appréciées et souvent interprétées par d'autres artistes que la compositrice.

À la présence accrue des femmes dans le monde musical s'ajoute un autre phénomène : la multiplication des castrats, dont le succès va de pair avec celui de l'opéra. Comme l'Église désapprouve que des femmes s'exhibent en public, le XVIIe siècle voit s'affirmer ces chanteurs très bien rémunérés qui ont été castrés dès leur enfance. Ils conservent ainsi une voix aiguë qui leur permet non seulement d'endosser des rôles féminins mais encore de soutenir des notes très longues grâce à la puissance thoracique masculine.

En 1686, le pape Innocent XI veut interdire aux femmes de paraître sur scène et bannir de Rome les chanteuses. Dès lors, le couvent sera-t-il leur unique refuge ? Quoi qu'il en soit, toutes celles qui ont composé, joué ou chanté en défiant sciemment les préjugés de leur époque brillent d'une lumière encore plus éclatante aujourd'hui : pour leur courage, en sus de leur talent.

Revenons à Barbara Strozzi. Elle est la fille adoptive (mais aussi naturelle, semble-t-il) du célèbre poète, avocat et librettiste Giulio Strozzi. Elle met en musique les vers de son père et devient membre à part entière de l'Accademia degli Unisoni, fondée par Giulio en 1637. C'est dans ce cadre qu'elle se produit et qu'elle voit croître sa renommée. Elle étudie avec le célèbre Pier Francesco Cavalli et se fait connaître et apprécier en interprétant devant de hautes personnalités vénitiennes les *Bizzarrie poetiche* de Nicolò Fontei. Ce compositeur respecté qui est aussi organiste et prêtre la qualifie d'ailleurs de « chanteuse très virtuose ».

Barbara met au monde quatre enfants, dont trois avec un homme marié, Giovanni Paolo Widman, avec qui elle entretiendra une longue et tumultueuse relation.

D'où l'équivoque la plus tentante qui soit : la Strozzi, cette artiste géniale et libre qui assure son propre entretien, est-elle une courtisane de luxe ? Dans la Venise de son temps, c'est parfois difficile à établir, surtout si une femme est indépendante, célibataire et artiste. Un portrait de Barbara par un certain Bernardo Strozzi (sans lien de parenté avec elle) l'a immortalisée entre 1635 et 1639 dans une pose languide. Pour les mauvaises langues, ce tableau est la preuve que le modèle cumulait deux activités : la prostitution et la musique. C'est cette rumeur venue de très loin que continuent d'entendre les femmes dans le monde de la musique. Les mêmes ricanements sceptiques, les mêmes regards en coin suggérant que si l'une d'elles occupe le devant de la scène c'est grâce à d'autres talents – et Dieu sait lesquels !

Une chose est sûre en tout cas : Barbara a signé huit volumes de chansons – ce qui en fait la compositrice de pièces vocales la plus prolifique du XVIIe siècle. Elle n'avait pas de mécène attitré, aussi les dédicataires varient-ils d'un recueil à l'autre. Le premier a été publié à Venise en 1644 et dédié à Vittoria della Rovere, grande-duchesse de Toscane. L'artiste le présente ainsi : « La première œuvre qu'en tant que femme j'expose *trop hardiment* à la lumière. »

Mais la Strozzi n'est pas la seule à avoir une pareille hardiesse : des femmes non moins célèbres que leurs collègues masculins arpentent l'Europe en long et en large au seul service de la musique.

Comme en témoignent les tableaux de cette époque, par exemple ceux de Bartolomeo Veneto ou de Parrasio Micheli, nombreuses sont les musiciennes représentées. Ainsi Maddalena Casulana, sans doute peinte par Artemisia Gentileschi (autre grande figure féminine de l'histoire de l'art malgré les obstacles de la société) : elle apparaît avec un luth sous les traits de sainte Cécile qui n'est autre que la patronne des musiciens.

Le père d'Artemisia, Orazio Gentileschi, a peint lui-même une jeune femme en train de jouer de cet instrument. À en croire la légende, il s'agit d'une amie de sa fille : Francesca Caccini, dite la Cecchina, première compositrice d'opéra. Formée à la perfection par son père, remarquablement cultivée et très affable, douée pour le chant, le luth et le clavecin, auteure de poèmes en italien et en latin. C'est à la cour des Médicis qu'elle fait carrière, dans cette Florence si belle et si vivante qui, ne l'oublions pas, a vu s'accomplir le rêve de la Camerata de' Bardi.

L'étoile de Francesca commence à briller en 1604, lorsqu'elle a dix-sept ans. Aux côtés de sa sœur Settimia, de son frère Pompeo et de ses parents, elle se produit en France avec le Concerto Caccini, sur l'invitation d'Henri IV et de Marie de Médicis. Cette formation familiale dont son père est si fier débarque à Paris pour un séjour d'un an et le roi exprime son désir de garder Francesca à la cour. Simplement parce que cette artiste dont l'ascension sera fulgurante est meilleure que les autres.

Mais à un roi on peut dire non, et la famille rentre à Florence au complet. Surnommée la Cecchina mais aussi « la reine des chanteuses médicéennes », Francesca sera de fait au service exclusif de la maison Médicis jusqu'en 1627.

Durant ces années elle écrit, compose, surprend, divertit. De son *Ballo delle zingare* (1614) au dernier opéra qui nous soit parvenu, *Ch'io sia fedele* (1629), sans oublier *La Liberazione di Ruggiero dall'isola d'Alcina*, elle est considérée comme une artiste de très grande valeur, et du reste elle se fait payer plus cher que la majorité des musiciens – ce qui peut nous paraître étrange, alors que quatre siècles plus tard nous en sommes encore à nous battre contre les inégalités salariales entre hommes et femmes.

Quand elle ne met pas en musique les paroles de Michel-Ange Buonarroti (neveu de l'autre) ou celles de l'Arioste, elle enseigne à de jeunes demoiselles qui sont comme ses filles.

Musique de chambre, musique de scène, mélodrames : la Cecchina est bien un grand nom du baroque italien, son cœur battant. Une étoile à l'éclat singulier parmi des femmes qui lui ressemblent : orgueilleuses et rebelles comme Artemisia Gentileschi, libres comme Barbara Strozzi, et toutes aussi irrévérencieuses et talentueuses que Francesca.

Malgré sa correspondance suivie avec Buonarroti, qui pourrait faire croire à une liaison, la Cecchina épouse le compositeur Giovanni Battista Signorini Malaspina, puis un noble de Lucques. Par deux fois elle devient veuve et par deux fois c'est dans la musique qu'elle trouve le réconfort. La mort de son second mari la ramène auprès des Médicis comme professeure et compositrice.

En 1641, âgée de cinquante-quatre ans, elle abandonne cette illustre maison pour se retirer dans un lieu inconnu. Le monde perd sa trace mais conserve son œuvre.

Ensuite, la part féminine dans l'histoire de la musique est largement passée sous silence : l'homme s'entête dans sa vaine erreur, les mailles de la morale se font de plus en plus serrées. La société choisit de reléguer les femmes dans un rôle ancillaire ; elles font des enfants et assurent des tâches domestiques, mais elles sont inaptes à mener d'autres activités, surtout artistiques. Et si elles se veulent quand même artistes, on les dissuade de l'être publiquement et de signer leurs œuvres, on rechigne à les payer pour jouer d'un instrument. On veut les cloîtrer avec plus de sévérité encore, les diminuer et les humilier. En somme, on refuse de les prendre au sérieux.

Pendant au moins deux siècles, l'immense majorité des musiciennes restent reléguées dans les cabinets noirs de l'historiographie classique. C'est notre devoir de rappeler à tous qu'elles ont existé, joué, composé, et que leur contribution à l'évolution de la musique est irréfutable.

Nannerl Mozart

Une histoire bien à soi

En 1764 elle reçoit l'extrême-onction parce qu'elle souffre d'une grave bronchite. Elle n'a que treize ans et il semble que ce soit la fin... Mais n'ayez crainte : Maria Anna Walburga Ignatia, dite Nannerl, aura une très longue vie.

Voici son histoire – et pour une fois, son histoire à elle seule.

Elle naît à Salzbourg en 1751, dans cette « province italienne » qu'est alors l'Autriche, du moins pour ce qui est de la musique : c'est en effet d'Italie qu'est arrivé l'opéra, la forme musicale la plus prisée à l'époque. En principe, tout ce qui compte est concentré à la cour de l'impératrice Marie-Thérèse, mais ici et là, et pas uniquement à Vienne, fleurissent les initiatives de la bourgeoisie naissante : des concerts, des pièces de théâtre, des spectacles qui ne sont pas destinés aux seules oreilles nobles mais à celles de quiconque est disposé à payer son billet. Le musicien passe peu à peu du statut de stipendié d'un haut personnage à celui de membre d'une profession libérale – un artiste libre de composer et de jouer comme il lui plaît.

C'est le début du classicisme, avec ses innovations et ses bouleversements bien ordonnés. Wolfgang Amadeus Mozart s'apprête à faire son entrée. Mais avant lui entre sa sœur, Nannerl.

Léopold, le père musicien, perçoit très tôt les prédispositions de la petite. Mais c'est une fille, hélas, et il n'entrevoit aucun avenir musical pour elle. Il apprend malgré tout le clavecin à l'aînée de ses deux enfants qui atteindront l'âge adulte (cinq autres n'ayant vécu que quelques mois). Nannerl va aussi briller au pianoforte et sera avec Amadeus, de quatre ans et demi son cadet, la tête d'affiche du duo prometteur, et bientôt très demandé, que l'entreprenant géniteur imprésario veut exhiber à travers l'Europe sans répit ni ménagements. « À douze ans, ma petite fille compte parmi les meilleurs pianistes », dira-t-il. Au départ ce n'est qu'un jeu, un jeu familial enchanteur – mais en réalité dangereux.

Second maître de chapelle du prince-archevêque de Salzbourg, Léopold Mozart se met en congé et prend la route avec les siens en 1763. Il a hâte d'entamer sa tournée, car dans le juteux business des enfants prodiges, alors très florissant, plus les artistes sont jeunes, plus on gagne gros. La petite famille fait notamment étape à Munich, Francfort et Bruxelles, elle se produit dans des cours princières – mais aussi dans des cathédrales, des théâtres et même sur des places publiques –, avant de gagner Paris où elle reste cinq mois. Les Mozart se rendent ensuite à Londres, réputée pour le bon accueil fait aux musiciens et pour le haut niveau de leurs rémunérations. Ils y demeurent seize mois, repartent en faisant un détour non prévu par les Provinces-Unies (une partie des anciens Pays-Bas espagnols), renoncent à Berlin (pas assez généreuse), repassent par Bruxelles et Paris, traversent la Suisse et retrouvent Salzbourg après plus de trois ans d'absence. Des voitures, des bateaux, des concerts, de la reconnaissance, mais aussi la variole et la typhoïde : ils sont constamment malades, ces enfants prodiges, cependant ils guérissent toujours. Ils résistent à tout, même aux miasmes qui distillent la mort autour d'eux.

Qu'est-ce donc qui les sauve ? La musique, dit-on. Et l'amour qu'ils se portent. Le petit encourage la grande. Elle est dotée de mains prodigieuses qui courent avec vélocité sur les touches du clavecin ou du pianoforte, ainsi que d'une oreille exceptionnelle, magique, capable de transformer n'importe quel son en musique. Elle mûrit, Nannerl, et en plus d'être interprète et enseignante elle devient compositrice, l'une des rares dans un monde dominé par les hommes.

Ses leçons de clavecin si courues servent à financer le voyage que Léopold et Amadeus entreprennent en 1769 en Italie, la patrie de l'opéra, pour y chercher fortune. Sa carrière à elle est donc mise en veilleuse au profit de celle de son frère, plus assurée. Mais chaque fois que celui-ci la laisse à la maison pour aller jouer loin d'elle, Nannerl souffre de terribles migraines, comme si la musique qu'elle ne peut plus exprimer menaçait de la faire exploser. Alors elle s'enferme dans sa chambre, dans le noir, des jours durant.

Son frère, lui, est effronté, exubérant, indiscipliné ; mais il l'écoute, il l'admire, il lui soumet chaque note qu'il écrit, en quête d'un avis dont il fera toujours grand cas. Mieux, la musique qu'il produit, il la conçoit au départ pour quatre mains, comme si la seule idée de l'exécuter sans sa sœur la rendait incomplète, imparfaite. En 1776, âgé de vingt ans déjà, il lui offre à l'occasion de son anniversaire un divertimento en ré majeur pour hautbois, cors et cordes (K. 251). Il intitule *Nannerl Septett* cette œuvre qui semble destinée à elle seule.

Elle tient un journal intime dans lequel Amadeus s'invite sans pudeur, écrivant sur lui-même ici et là à la troisième personne, tant sont grandes leur complicité et leur intimité. Égaux et inséparables, ils ont hérité de leur mère, Anna Maria Pertl, la vivacité et la créativité. La discipline et le goût du travail, ils les tiennent de leur père, dont la sévérité est légendaire.

Mais Nannerl est une femme, disions-nous, et en 1784 elle fait ce qu'on attend d'une femme : elle se marie. Elle devient l'épouse (la troisième) du presque quinquagénaire baron Johann Baptist von Berchtold zu Sonnenburg. Avec lui, elle abandonne sa ville natale et ses rêves d'enfant. Elle va s'installer dans un village loin de Salzbourg, loin de tout ce qu'elle aurait pu réaliser au même titre que son frère. Si elle n'avait pas renoncé. Si elle n'était pas née femme. Elle met au monde trois enfants, mais elle élève aussi ceux que son mari, veuf par deux fois, a apportés dans la corbeille de mariage. Le temps consacré à la musique se réduit de plus en plus, tout comme se raréfient ses rapports avec Amadeus. Eux qui étaient si proches suivent des voies toujours plus divergentes.

Le mariage du frère ne fait que les éloigner davantage. Les tendres lettres qu'ils ont échangées si longtemps ne sont plus d'actualité. Aucun des deux n'assiste aux noces de l'autre. Nannerl n'aime pas la femme qu'a choisie le garçon ; elle trouve Constance Weber insipide et décidément pas à la hauteur du musicien, elle la traite donc avec froideur et une distance calculée. Le frère et la sœur qui avaient enchanté l'Europe, assis côte à côte devant un clavier, vont se séparer définitivement : il suivra la route que lui a ouverte son génie, elle se résignera au rôle que lui assigne la société.

Le contact est rompu avec beaucoup d'amertume après la mort de leur père, survenue en 1787. Il n'est plus, ce rigoureux imprésario qui leur avait enseigné la musique avec tant de passion qu'ils en avaient été littéralement nourris. Le partage de l'héritage rend la rupture irréversible.

Et Nannerl choisit le silence.

Elle a une maison à gérer et tout un tas d'enfants à surveiller. Dix-sept ans ont passé depuis le message dans lequel Amadeus rendait hommage à son talent – ce talent qu'elle allait bientôt enfermer à double tour dans les placards de l'office.

« Je suis stupéfait ! disait le billet. Je ne savais pas que tu pouvais composer quelque chose d'aussi gracieux. En un mot, ton lied est très beau. Je t'en prie, essaie de faire plus souvent ce genre de choses ! »

Pour seule réponse, le silence.

Parce que la vie d'une femme suit souvent une voie qu'elle n'a pas choisie, malgré son potentiel, malgré son génie. En effet, de la musique que Nannerl a pu concevoir il ne subsiste rien, pas une seule note. Et personne n'aurait jamais entendu parler d'elle s'il n'y avait pas eu son frère, qui pourtant la définissait ainsi à une certaine époque :

« Ma sœur, celle qui possède le vrai talent. »

Son frère, considéré avec Haydn et avant Beethoven comme le sublime représentant du classicisme, ce classicisme dans lequel il a su mêler sa joie et son enthousiasme à une nouvelle forme d'articulation musicale purement rationnelle (comme la sonate bithématique et de forme tripartite, invention de cette époque). Un classicisme qui a remplacé le son métallique du clavecin, typique du baroque, par celui doux et riche du piano, et qui a imposé une définition de l'orchestre symphonique (avec cordes, instruments à vent, percussions, timbale et parfois harpe) très proche de celle que nous connaissons aujourd'hui.

Son frère, disions-nous, qui meurt un jour de 1791. Il meurt d'empoisonnement, de syphilis, de fièvre rhumatismale ou de Dieu sait quoi. Trop tôt, en tout cas : il n'a que trente-cinq ans. Contrairement à sa sœur, il a laissé des œuvres précieuses. Dans les années qui suivent sa disparition il faut en prendre soin, confirmer leur authenticité, les faire jouer et les protéger des vautours. C'est elle, Nannerl, qui s'en charge. Elle s'institue gardienne du génie d'Amadeus, promotrice de cette musique qui porte son nom de naissance. Et revoilà l'entreprise familiale, la même que lorsqu'ils étaient enfants, égaux et inséparables.

Le mari de Nannerl s'éteint en 1801. Une fois veuve, l'artiste autrichienne semble vouloir reprendre sa vie exactement là où elle l'a laissée en se mariant. Elle rentre à Salzbourg et recommence à enseigner le clavecin, avec ferveur mais un peu de mélancolie. À quelques années de sa mort, qui surviendra en 1829, il lui est accordé le bonheur d'établir avec l'un de ses deux neveux un rapport affectueux et sincère. Une petite revanche sur toutes ces années de silence, ces années perdues au cours desquelles sa vie et celle de son frère se sont lentement séparées jusqu'à devenir étrangères l'une à l'autre, alors qu'elles avaient commencé dans un amour partagé et une passion commune.

C'est un diminutif, Nannerl. C'est ainsi qu'on l'appelait à la maison. Au fond, personne ne saurait rien d'elle s'il n'y avait pas l'autre histoire, celle que nous avons à peine effleurée ici. L'histoire de Wolfgang Amadeus, largement célébrée et tonitruante, qui a fait pour toujours de Maria Anna Walburga Ignatia, celle des deux enfants qui avait peut-être le plus de talent, « la sœur de Mozart ».

Fanny Mendelssohn

Signé Felix

Lui, heureux grâce à son nom. Elle, condamnée à se battre.

Elle veut être une vraie musicienne dans une famille aisée, certes, mais qui a tout misé sur un autre pianiste et compositeur : l'autre enfant de la maison, parce que c'est un garçon. Une histoire qui doit commencer à vous sembler familière.

Nous sommes à Hambourg, dans les années où la ville est occupée par les troupes napoléoniennes puis libérée par les forces russes, avant de se développer démesurément jusqu'à frôler le million d'habitants, s'adjugeant ainsi la place de troisième port d'Europe. Années aussi – nous approchons alors du milieu du XIXe siècle – qui voient un incendie dévaster son cœur historique, emportant au passage beaucoup de vies, de maisons et d'églises.

Hambourg, donc : soumise, libérée, en expansion puis détruite, et tout est à recommencer. Un terrain fertile pour le romantisme qui est en train de s'imposer (et pas seulement dans le domaine musical), avec le sentiment comme principe de toute chose. Après la rationalité des Lumières et le culte de la perfection qui caractérisait le classicisme, tout est soudain bouleversé et jeté dans un splendide désordre où dominent la fantaisie, l'émotivité et l'imagination effrénée. Durant ces années-là, c'est le moi de l'artiste qui, dans son individualité tourmentée ou heureuse, donne la mesure et la cadence de tout geste créatif.

Fanny, compositrice talentueuse et précoce, appartient bien à son époque et navigue à son aise dans le tumulte des émotions qui caractérise cette première moitié du XIXe siècle. Et pourtant, en dépit de tous ses efforts, elle ne sera jamais tout au long de sa courte vie que la sœur aînée de Felix Mendelssohn.

« La musique deviendra son métier », répète leur père, le banquier Abraham, en parlant de son fils. Et il ajoute à l'attention de Fanny : « Pour toi, en revanche, elle ne peut et ne doit être qu'un ornement. »

Ou encore, dans une autre lettre : « Tu devrais t'appliquer plus sérieusement et avec plus de zèle à ton seul et unique travail, au seul travail qui convienne à une fille : celui de maîtresse de maison. »

Toujours ce préjugé selon lequel la musique ne conviendrait pas aux femmes. Plus de deux siècles ont passé depuis la mort de Maddalena Casulana, mais la sœur de Felix entend les mêmes critiques, les mêmes objections éculées que l'artiste italienne.

Fanny refuse de capituler, bien qu'elle constate amèrement : « Si personne ne te donne son opinion ou ne prend le moindre intérêt à tes créations, avec le temps tu perds non seulement tout plaisir mais aussi toute réelle capacité de jugement à leur endroit. Je ne peux m'empêcher de voir une preuve de talent dans le refus de renoncer à composer, même si je n'arrive pas à obtenir que quelqu'un s'intéresse à mes efforts. »

C'est là un malaise créatif très moderne et beaucoup de femmes d'aujourd'hui peuvent s'y reconnaître.

Heureusement, Felix ne partage pas toutes les opinions de sa famille et de la société bornée de son temps : il croit en sa sœur comme Wolfgang croyait en Nannerl. Il l'aide pour des arrangements, il la conseille, il l'encourage. Mais comme la période heureuse de la Renaissance où l'on pouvait dénoncer la vaine erreur des hommes n'est plus qu'un lointain souvenir, le frère signe peut-être des pièces composées par la sœur : parce qu'il est redevenu trop inconvenant pour une femme de composer, voire de jouer. À en croire la rumeur, Felix aurait d'ailleurs reconnu un jour devant la reine Victoria que le lied *Italien*, qu'elle aimait au point de l'avoir chanté devant lui, était né en réalité dans la tête de Fanny.

Parce que même s'il adore sa sœur, même s'il la soutient dans la vie, il n'est pas du tout d'accord pour qu'elle publie sous son nom. Publier ne ferait qu'interférer avec ses devoirs de femme.

« Je ne peux pas dire que j'approuve », décrète Felix.

En 1846, après un long temps de soumission elle prendra son courage à deux mains pour lui répondre : « Pendant quarante ans j'ai eu peur de toi, comme à quatorze ans j'avais peur de papa, parce que j'ai toujours voulu faire plaisir aux gens que j'aime. Mais à présent, Felix, je te désobéis et je t'annonce que j'ai commencé à publier. J'ai reçu une excellente offre de Herr Bock pour mes lieder et j'ai accepté ses alléchantes conditions. J'espère ne pas te déplaire et ne t'offenser en rien, mais j'ai enfin agi en totale indépendance ! Si mes compositions plaisent au public, je sais déjà que j'y trouverai un grand encouragement et que je continuerai à publier ! »

Elle se marie en 1829 avec le peintre Wilhelm Hensel. Ils appellent leur fils unique Sebastian, en l'honneur du grand Jean-Sébastien Bach, mort huit décennies plus tôt et condamné à un oubli absurde. Bach, dont à quatorze ans Fanny savait jouer de mémoire les quarante-huit préludes et fugues du *Clavier bien tempéré*. Bach, que Felix s'emploiera à faire redécouvrir, avec dévotion et admiration.

Donc sœur, épouse et mère. Pourtant, Fanny défie les préjugés de son temps, elle va au bout de son rêve. Dans sa maison de Berlin elle se fait organisatrice de concerts dominicaux et cheffe de chœur, mais en 1838 c'est devant un public plus nombreux qu'elle interprète le *Concerto pour piano et orchestre n° 1* de Felix.

Elle produit énormément, elle est aussi créative qu'infatigable. Cela représente des centaines de partitions, dont des pièces pour piano, des lieder, de la musique de chambre, des duos et des trios vocaux, des ouvertures, des cantates, des oratorios... On a suggéré que certaines de ses compositions avaient inspiré son frère pour la conception de ces *Romances sans paroles* qui ont fait passer Felix à la postérité, ouvrant la voie à des formes musicales nouvelles.

Une œuvre l'emporte sur toutes les autres : le *Trio en ré mineur op. 11*, qu'elle compose à peine un mois avant sa disparition. Ce sont des pages d'une grande énergie, extrêmement mélodieuses et *cantabile*, surtout dans le délicat solo de piano du deuxième mouvement. Fanny est là tout entière, dans sa musique.

Heureuse elle aussi, finalement, qui meurt en jouant.

Le 14 mai 1847, une attaque cérébrale la terrasse pendant qu'elle travaille *La Première Nuit de Walpurgis, op. 60*.

Une partition de Felix Mendelssohn, le frère de Fanny.

Clara Schumann

Un romantique pas de deux

Fille de. Femme de.

Telle semble être la destinée de Clara, en dépit de tout son talent.

Au début de sa vie, en effet, son père écrit son journal à sa place. À la première personne, comme s'il était Clara, et comme si Clara était à lui. Il note les choses qu'il juge importantes, il construit une mémoire de papier pour sa petite fille. Et quand elle l'atteint l'âge où elle veut rédiger elle-même son journal, il prétend le lire pour validation.

En plus de posséder une fabrique de pianos, Friedrich Wieck est un professeur très coté. Mariane, sa première femme, mère de Clara et dont il divorcera, est elle-même pianiste, ainsi que cantatrice.

L'enfant grandit donc dans la musique, façonnée corps et âme par son père. Son éducation ne concerne pas seulement la maîtrise du piano mais aussi l'entretien du corps, qui doit pouvoir supporter un effort quotidien et une entière dévotion au travail. Herr Wieck trouve Clara paresseuse, négligente, désobéissante, et il la soumet donc à un véritable dressage, combinant étude et exercice au grand air. Ce qu'il a en vue pour sa fille, c'est une carrière de musicienne. Elle doit être la meilleure, elle doit suer sang et eau pour y parvenir.

Avec le romantisme, les choses sont en train de changer. Franz Liszt, qui a traversé comme une comète le ciel de l'Europe, a appris à tout le monde ce que voulait dire le mot « virtuosité » et surtout ce qu'était une tournée digne de ce nom : un périple exténuant d'une salle de concert à une autre sur de mauvaises routes, en étant sans cesse exposé aux accidents et aux maladies. Désormais la musique est partout un spectacle, et le don de la petite Clara ne sera pas perdu.

Les choses se présentent bien pour elle. Clara Josephine, née à Leipzig en 1819, donne son premier concert à dix ans. Elle étudie le piano depuis longtemps déjà, et le soir du 20 octobre 1829 elle fait ses débuts officiels en partageant le clavier avec une autre élève de son père.

Des élèves, le célèbre Friedrich Wieck en suit un certain nombre, mais il en est un qui sort du lot : Robert Schumann, de dix ans plus âgé que sa fille. Son professeur le juge vraiment doué mais peu fiable.

Clara le connaît depuis qu'elle a neuf ans ; à seize elle en tombe amoureuse et à vingt et un ans elle l'épouse enfin parce que, devenue majeure, elle peut aller contre la volonté de son géniteur.

Mais avant d'être la femme de Schumann elle a eu le temps de devenir une pianiste très recherchée. Toutefois, lors de ses tournées à travers l'Europe elle a dû se limiter au répertoire que lui imposait son imprésario de père. Ce n'est que lorsque le lien avec celui-ci se relâche qu'elle peut enfin aborder Beethoven, Bach et Mendelssohn, inscrire dans ses programmes la musique des grands compositeurs du moment et l'associer à la sienne, qu'elle écrit depuis qu'elle est enfant.

Elle n'a que dix-huit ans lorsqu'elle reçoit à Vienne le titre très convoité de virtuose de la chambre impériale et royale. Elle se produit régulièrement devant un public de choix et les plus grands artistes de l'époque viennent l'applaudir : Niccolò Paganini, Johann Wolfgang von Goethe, Franz Liszt. Jusqu'à Frédéric Chopin, qui lui envoie ses compliments et lui exprime toute son estime.

Voilà donc Clara célèbre. Ses exécutions sont brillantes mais touchantes, parfaitement en phase avec ce siècle romantique dans lequel elle évolue. Elle compose de nombreux lieder, des valses et ce *Trio en sol mineur op. 17 pour piano, violon et violoncelle* (1846) qui fait encore sa renommée aujourd'hui. Il va inspirer un autre trio, en ré mineur celui-là, que Robert Schumann écrira l'année suivante. L'influence de Clara sur le langage musical de son époux est indiscutable. En outre, elle sert de trait d'union entre la musique de son époux et celle, si différente, de Johannes Brahms, qui fréquente assidûment les Schumann.

Brahms, que la rumeur dit follement amoureux de Clara et pas seulement subjugué par le génie du mari, n'en est pas moins un conservateur attaché au respect d'un formalisme rigide.

Schumann, au contraire, est un révolutionnaire tourmenté. Aujourd'hui, on dirait qu'il souffre de troubles bipolaires. Il y a en lui une blessure qui ne cicatrise pas et dont bien sûr ses compositions portent la trace : d'abord lyriques, puis impétueuses, et toujours marquées par de forts contrastes. En cela il représente parfaitement la *Zerrissenheit*, le déchirement intérieur typique du romantisme, qu'il exprimera dans ses *Davidsbündlertänze* (*Danses des compagnons de David*) pour piano seul au travers des compositeurs fictifs Eusebius (le mélancolique) et Florestan (l'enthousiaste). Ces deux noms, il les utilisera aussi comme pseudonymes pour signer un certain nombre de critiques dans sa revue musicale, la *Neue Zeitschrift für Musik*.

Mais une dualité encore plus profonde le caractérise : il est partagé entre une ambition bourgeoise – acquérir une position sociale et financière – et une ambition poétique – se consacrer à l'art corps et âme. Une dualité qui le précipitera finalement dans la schizophrénie.

Si Clara est en proie elle aussi à un conflit intérieur, elle n'en reste pas moins l'ange du foyer. Dès avant leur mariage, Robert brosse de sa « Chiarina » un véritable portrait musical dans son *Carnaval op. 9*. Plus tard, on attribuera à Schumann des pièces de sa bien-aimée, tels les lieder composés entre 1830 et 1856.

La demeure du couple ne déborde pas seulement de musique : Robert et Clara sont tous deux très cultivés, ils aiment la poésie allemande et la prose d'E.T.A. Hoffmann. Cependant, la vie d'épouse va changer la donne – non pas brutalement, mais de façon inexorable.

Au bout d'un an d'enseignement au conservatoire de Leipzig, Schumann est contraint d'abandonner le piano pour un problème à l'annulaire de la main droite. Il décide alors de se consacrer à la composition, une activité que dès lors sa compagne ne peut plus exercer librement, même s'il continue à l'encourager.

Elle se plaint souvent des murs trop fins de la maison, qui l'empêchent de jouer parce que Robert a besoin d'un silence absolu pour créer : « Mon jeu ne cesse de se détériorer. C'est toujours la même chose quand [il] compose : je n'ai plus une heure à moi, je n'arrive à produire rien de bon, et parfois je voudrais cogner ma tête stupide contre le mur. »

Leur passion pour la musique semble toutefois les garder unis dans un romantique pas de deux, et cela dure ainsi jusqu'à ce que Schumann donne des signes de plus en plus manifestes d'instabilité mentale. Sa femme met huit enfants au monde et continue de se produire en concert, tandis que la lucidité du compositeur s'estompe et que ses crises d'amnésie se font plus fréquentes. Le mari de Clara, de cette pianiste qui ose jouer de mémoire en public, oublie lentement toute chose. Y compris la musique.

Il meurt à l'âge de quarante-six ans, laissant une veuve de trente-six ans bien résolue à veiller sur les œuvres de son époux. Elle les met en ordre et les fait jouer sans relâche. Elle se sent intimement tenue à cette mission, comme elle le confie au fidèle Brahms. Elle retrouve ainsi cette tendance à l'autosabotage qu'elle cultivait enfant, quand elle pensait que ses plus grandes joies dans la vie lui viendraient des compositions de Robert – et d'elles seules.

Sa seconde vie va durer quatre décennies. D'une certaine façon, elle redevient Clara Wieck ; car si elle a eu des doutes par le passé sur ses talents de compositrice, elle n'en a aucun sur ses qualités d'interprète, qui la classent parmi les meilleurs pianistes du romantisme. Elle accepte une chaire au conservatoire de Francfort et enseigne avec passion ce que lui a appris son père. Elle recommence ses tournées dans toute l'Europe et donne son dernier concert en 1891. Elle a alors soixante et onze ans et il lui en reste cinq à vivre.

De Clara nous aimons la puissance créatrice et le brio, mais nous pouvons aussi nous reconnaître dans son côté sombre. Dans cette petite voix qui lui susurrait qu'elle ne pouvait pas être autonome, qu'elle devait se montrer humble et modeste, conserver son excessive pudeur et obéir à un monde qui la poussait à dire de ses compositions : « Ce n'est jamais que l'œuvre d'une femme, ça sonne efféminé et sentimental. »

Combien de chemin parcouru, et combien il en reste à parcourir !

Clara Schumann, c'est sous ce nom que nous la connaissons. En dépit de tout son génie, et même si l'on commence à l'appeler Clara Wieck, elle reste pour bien des gens la femme de Robert Schumann.

Louise Farrenc

Égalité

Son frère s'appelle Auguste Dumont, et il est sculpteur comme leur père. Mais son histoire à elle, celle de Louise Dumont-Farrenc, née en 1804, fait voler en éclats la vieille dynamique machiste, et son itinéraire reste une leçon pour nous.

Dotée d'un talent de pianiste et de compositrice qui lui vaudra les éloges enthousiastes de Schumann, Louise peut le développer totalement grâce aux encouragements infatigables de sa famille.

Fille de la bohème, elle est issue d'un milieu de gens libres qui baignent dans les arts. Elle va pouvoir étudier le sien avec le plus grand sérieux, et pas comme un simple hobby ou un divertissement. Auprès d'élèves de grands musiciens, et même au Conservatoire de Paris.

Voyant combien elle est douée, ses parents confient en effet l'adolescente au maître de composition Anton Reicha. Elle est bientôt la meilleure élève de ce cours réservé jusqu'alors à des hommes, et la voie à suivre lui apparaît donc toute tracée et sans embûches.

Mais soudain, l'amour semble venir se mettre en travers. Louise n'a que dix-sept ans lorsqu'elle rencontre Aristide Farrenc, fascinant flûtiste de dix ans son aîné. Elle lâche ses études, l'épouse et part avec lui en tournée.

Cependant, elle n'est pas « la femme de », pas plus qu'il n'est « le mari de ». Ils forment un duo, ils sont égaux et donnent des concerts dans toute la France. Puis, quand Aristide se fatigue de cette vie et s'arrête pour fonder à Paris une maison d'éditions musicales qui connaîtra un grand succès, Louise reprend ses études là où elle les avait interrompues, toujours avec Reicha, et acquiert une renommée de soliste qui ira croissant avec les années.

Quelques mois d'arrêt, le temps de mettre au monde Victorine, puis Louise se donne de nouveau à la musique, entièrement à la musique. Épouse, mère, femme, mais sans jamais renoncer à rien. Sans jamais se rendre, même si ses compositions ne reçoivent pas le même accueil que celles de ses collègues masculins.

En 1842 elle accepte d'enseigner le piano au Conservatoire de Paris, fonction qu'elle exercera pendant plus de trente ans. Elle est alors la seule femme à obtenir un véritable poste de professeure dans cette institution.

Au cours de sa carrière, elle explore bien des champs musicaux mais ne compose pas d'opéras, ce qui la dessert parce que c'est le genre de prédilection du monde musical d'alors. Son contemporain Hector Berlioz en sait quelque chose : pourtant bien plus connu qu'elle, il n'arrive pas à s'imposer dans ce domaine.

Malgré son absence du répertoire lyrique, la Louise compositrice se démarque par sa transversalité. Outre des pièces pour piano et de la musique de chambre, vocale, chorale et concertante, elle écrit deux ouvertures et trois symphonies, dont la dernière, créée par l'orchestre de la Société des concerts du Conservatoire, reçoit un très bon accueil. Mais surtout, elle maîtrise un langage audacieux qui lui permet de se lancer dans des compositions amples et complexes, y compris pour orgue.

Si ses cours de piano sont très courus, son traitement reste nettement inférieur à celui de ses collègues masculins, du moins pendant ses dix premières années au Conservatoire de Paris. C'est pourquoi, avant de quitter le XIXe siècle, nous nous arrêtons pour parler d'elle. Parce que durant une décennie elle s'est battue, Louise, et qu'elle a fini par gagner. Quoi donc ? Quelque chose qui aujourd'hui encore reste difficile à obtenir pour une femme : un salaire égal à travail égal.

Ce qui a peut-être achevé de convaincre ces messieurs de lui accorder une rémunération identique à celle des autres enseignants, c'est son *Nonette en mi bémol majeur* de 1849 pour cordes et vents – une partition riche et vive, brillante et pleine de chromatismes, où l'on sent l'influence de la musique allemande, tenue en très grande estime dans ces années-là.

Louise voit mourir prématurément sa fille, pianiste comme elle, mais la musique restera à ses côtés, toujours et partout. Elle lui redonnera du courage, elle lui rendra la vie.

À l'enseignement et à la composition elle va ajouter la redécouverte du passé. Grâce à la florissante maison d'édition de son mari, elle se consacre entre 1861 et 1872 à la publication du *Trésor des pianistes*, vingt volumes pour clavecin et piano couvrant deux siècles de musique.

Elle meurt en 1875, Louise, à l'âge de soixante et onze ans, et il semble qu'avec elle s'éteigne sa renommée. Il faudra attendre le siècle suivant pour voir briller de nouveau son étoile.

Nadia Boulanger

Qu'est-ce qu'un chef-d'œuvre ?

Une femme cheffe d'orchestre ?

Ça se remarque aujourd'hui, alors imaginez il y a un siècle !

Nadia Boulanger, la première, naît à Paris en 1887. Son destin semble tout tracé puisqu'elle est fille, petite-fille et arrière-petite-fille de musiciens. En outre, le domicile de ses parents, au 25, rue de Maubeuge, est fréquenté par la fine fleur du monde artistique et intellectuel. Ernest, son père, est l'ami de Gounod, de Massenet et de Saint-Saëns, mais aussi de Jules Verne.

Le moins que puisse faire Nadia en étant née dans un tel milieu, c'est de jouer d'un instrument. À neuf ans Nadia étudie déjà l'orgue et la composition, après une période d'apparente allergie durant laquelle, dit-on, elle éclatait en sanglots chaque fois que quelqu'un se mettait au piano. Elle est encouragée par son père, qui est notamment chef d'orchestre et professeur de chant au Conservatoire de Paris. C'est une enfant exceptionnelle dont l'avenir semble tout tracé – une route droite et sans obstacles.

En ce temps-là Paris resplendit, c'est la Belle Époque, et Nadia se met elle aussi à briller. Elle est la première, toujours et partout : à l'école et dans tous les concours auxquels elle participe. Une intelligence lumineuse et un caractère bien trempé. Car si la musique requiert du talent et de la passion, il lui faut aussi de la ténacité, de la résistance, de la dévotion, et surtout une discipline de fer.

Au Conservatoire de Paris, Nadia est l'élève de Louis Vierne, l'illustre organiste de Notre-Dame. Elle a tout juste seize ans quand aux orgues de la Madeleine elle devient la suppléante de Gabriel Fauré, figure majeure de l'impressionnisme musical français avec Ravel et Debussy.

Elle est promise à une grande carrière de soliste, personne n'en doute. En 1904, elle est admise aux prestigieuses leçons privées de Fauré, suivies par Maurice Ravel, Jean Roger-Ducasse ou encore Georges Enesco. En 1908, son talent de compositrice est récompensé par un Second Grand Prix de Rome ; elle a vingt et un ans et contredit par son ascension Camille Saint-Saëns, qui considérait la participation des femmes à la vie musicale comme une farce de la nature.

Ce sont des années de succès, de grandes promesses, de concerts et d'étude. Encore et toujours l'étude. Et des tâches professionnelles aussi, parce que son père meurt d'une attaque cérébrale et qu'il revient à la jeune fille de pourvoir aux besoins de sa famille, qui ne compte plus désormais que sa mère et une petite sœur adorée, Lili.

Nadia est complètement immergée dans le ferment culturel parisien. Elle devient une amie proche de Stravinski, dont elle admire la nouveauté et l'audace – si proche qu'il lui enverra ses partitions avant de les publier.

Car c'est bien là ce qui caractérise Mlle Boulanger : sévère avec elle-même, inflexible sur la discipline, mais incroyablement provocatrice dans son amour pour la création contemporaine, et donc joueuse et ouverte d'esprit. Elle sera parmi les premières à reconnaître l'importance de la musique dodécaphonique d'Arnold Schönberg, faisant sa devise d'une phrase de Kandinsky : « Les dissonances d'aujourd'hui sont les consonances de demain. »

Et puis soudain, un bruit assourdissant : celui du couvercle d'un piano que l'on referme.

Un bruit bouleversant qui n'en finit pas de résonner – et de nouveau les larmes associées au piano. Parce que l'existence est faite de voies qui semblent parfaitement rectilignes, jusqu'à ce qu'un virage imprévu vous fasse déraper.

C'est en mars 1918 que Nadia, dérapant dans l'un de ces virages imprévus, fait une sortie de route définitive : quand sa sœur Lili meurt à l'âge de vingt-quatre ans, fauchée par une tuberculose intestinale.

Lili, qui avait appris à lire la musique avant même d'apprendre l'alphabet. Lili, qui excellait dans la maîtrise de plusieurs instruments. Lili, premier Grand Prix de Rome.

Nadia, qui l'avait amenée à la composition, a eu pour douloureuse mission de prêter sa main à la malade afin de coucher sur le papier sa dernière œuvre, *Pie Jesu*, une cantate pour soprano, quatuor à cordes, harpe et orgue. Au bord de la tombe et désormais sans forces, Lili la lui a dictée comme une sorte de testament. Un requiem extrêmement sobre, un chant funèbre empreint de paix et de sérénité, ce qui le rend plus bouleversant encore. La plus jeune des filles Boulanger a pensé cette cantate pour une seule voix et non pour un chœur – peut-être parce qu'on est seul quand on s'en va à la rencontre de la mort.

Par une diabolique coïncidence, Lili est morte à peine dix jours avant Claude Debussy, qui avait tellement nourri et inspiré la veine créatrice de Nadia. Cette dernière dirigera en 1968, un demi-siècle après la disparition de sa sœur, l'œuvre à la fois si douloureuse et si lumineuse qu'est la cantate *Pie Jesu*.

Mais on est encore en 1918 et le printemps explose comme d'habitude, comme si celle qui n'est plus était encore là. Il explose avec la vigueur d'une idée au moment où elle est sur le point de se transformer en musique, et pour Nadia c'est insupportable. Cette créativité, elle n'en veut plus. Elle juge son talent médiocre à côté de celui de Lili, et pour elle l'invention musicale s'est éteinte en même temps que sa sœur.

Vous l'entendez, ce bruit ? C'est bien le fracas cruel produit par un couvercle de piano qui se referme.

Dès lors, Nadia se doit de faire connaître la musique de la défunte. Elle la fait jouer, elle la fait circuler, elle la diffuse partout, comme pour garder éternellement en vie la petite Lili. Presque toujours vêtue de noir, elle cherche hors d'elle-même la musique parfaite que depuis la mort de sa sœur elle a choisi de ne plus laisser s'épanouir en elle.

Mais dehors, elle acquiert une célébrité qu'elle n'imaginait pas. Très autoritaire et très respectée, elle est la première femme de l'Histoire appelée à diriger un orchestre, et même les plus grands orchestres. En France, pour commencer, puis aux États-Unis : à Boston, Philadelphie, New York… À partir de 1921 elle enseigne au Conservatoire américain de Fontainebleau, ce qui contribue à consolider sa renommée outre-Atlantique.

Si Nadia est toujours la première, elle n'est cependant pas unique. Les filles de sa génération ont pu étudier la musique plus librement qu'auparavant, même si on trouvait encore bizarre il y a un siècle, voire inconvenant, qu'une femme décide d'y faire carrière.

Ethel Leginska, Antonia Brico, Ethel Smyth, Carmen Bulgarelli Campori, Florica Dimitriu, Vitězslava Kaprálová, Elisabeth Kuyper, Veronika Borisovna Doudarova. Ce sont-là quelques exemples d'autres pionnières de par le monde dans une profession réservée depuis toujours aux hommes : la direction d'orchestre. Si chacune de ces artistes a pu briller, c'est en partie grâce à la graine semée par Nadia en 1912, date de sa première apparition en tant que cheffe.

Toujours en noir, Nadia, mais toujours en jupe. Elle a souvent fort à faire avec des musiciens indisciplinés : ils sont hostiles à l'idée d'être dirigés par une femme – un être inférieur et dépourvu d'autorité. Mais elle finit par en venir à bout grâce à son talent, à sa puissance de concentration sur la musique et sur elle seule.

Nous toutes, aujourd'hui encore, lui devons quelque chose. Nous devons la remercier pour sa ténacité, sa perfection technique, son désir de voyager à travers le monde et son goût pour la nouveauté.

Outre la direction d'orchestre, elle reste célèbre pour ses cours d'analyse. Elle les prépare avec un soin extrême et aime s'accompagner au piano tout en parlant. Une pédagogie dont s'inspirera un autre enseignant remarquable, l'Américain Leonard Bernstein, après avoir été longtemps son élève.

Nous voici une fois encore devant une longue liste qui ne comporte que des hommes. Des hommes célèbres, attachés par un lien indissoluble à la tyrannique Nadia – qu'ils appelaient le « gentil tyran » ou « Baba Yaga », la sorcière des contes russes. Une liste qui va de George Gershwin à Leonard Bernstein, de Philip Glass à Astor Piazzolla, en passant par Aaron Copland, Herbie Hancock, Quincy Jones, John Eliot Gardiner et Daniel Barenboim.

Que vient faire parmi ces génies de la musique la dame austère aux lunettes rondes et aux cheveux toujours emprisonnés dans un chignon serré ? C'est simple : pour tous elle a été « Mademoiselle », leur professeure. Celle de compositeurs surprenants, d'interprètes extraordinaires et de chefs d'orchestre illustrissimes. Ce qui a permis à Nadia Boulanger d'accéder au rang d'immortelle, c'est bien d'avoir appris quelque chose à ces hommes-là et de compter parmi les plus grands maîtres de l'enseignement.

Pour ses fameuses leçons du mercredi au 36, rue Ballu (aujourd'hui 3, place Lili-Boulanger), elle choisit les partitions dans un registre allant de la musique ancienne à l'avant-garde. Ses élèves – elle en formera quelque mille deux cents – sont assis en demi-cercle et répartis en fonction de leur tessiture, de façon à pouvoir chanter a cappella si elle le leur demande.

Extrêmement exigeante et sévère avec sa classe, d'une dureté de granit comme elle l'a été avec elle-même, Mademoiselle est capable de faire germer chez des talents très divers toutes les musiques possibles. Que le domaine de prédilection des futures célébrités soit le classique, le jazz, la pop, le tango ou l'électro, leurs créations et leurs interprétations auront pour matrice commune un seul nom : celui de Nadia Boulanger. Elle leur inculque les fondements de l'analyse musicale à seule fin de permettre à chacun de trouver son propre langage. Ce qu'elle veut, c'est « amener des êtres à s'exprimer ». Une méthode révolutionnaire qui démontrera son efficacité. Une approche qui fait toute la différence entre un enseignant et un maître.

Elle est la pédagogue la plus influente depuis l'époque de Socrate, disent certains, et une pionnière dans plusieurs domaines. Ainsi, elle utilise l'ordinateur, ce mystérieux instrument qui lui permet de faire dialoguer son intelligence avec celle de ses disciples. Elle n'écrit pas de livres, pas de manuels : elle préfère le contact direct pour développer la conscience esthétique et le talent de ses élèves.

Ils arrivent à Paris des quatre coins du monde pour suivre ses cours. Avec eux elle bouleverse les règles pour aider à la naissance de la meilleure musique possible. Mais avant cela, Mademoiselle, la rigide et chaste Nadia, se présente à eux en disant : « Je suis votre degré de tension le plus élevé, écoutez-le en vous-même. »

Elle est présente dans ce livre en tant que mère. Non, elle n'a pas eu d'enfants. Et pourtant, elle a été la mère de nombreuses générations de musiciens, une mère au sens le plus large : celle qui fait naître, mais aussi qui forme, qui façonne.

Elle est morte en 1979 à l'âge de quatre-vingt-douze ans.

Dans le documentaire que lui a consacré deux ans plus tôt Bruno Monsaingean, Nadia garde son air sévère. Elle porte ses épaisses lunettes de fille studieuse et tenace, sans oublier la chemise et la veste de coupe masculine qui constituent son uniforme. Ses mains fuselées semblent diriger ses paroles comme autrefois la musique.

« Je crois qu'il y a des conditions sans lesquelles on ne peut pas atteindre au chef-d'œuvre, dit-elle à un moment, mais je crois que ce qui fait le chef-d'œuvre me paraît nous échapper. »

Si vous écoutez bien, vous entendrez aussi le bruit du couvercle de ce piano refermé pour toujours et qui pourtant n'a jamais cessé de jouer.

Maria Callas

Toujours à côté, toujours parfaite

Anna Maria Cecilia Sofia. Quatre prénoms à la file pour dire une seule et même chose : ce n'est pas un garçon.

Sa mère a perdu un fils dans l'année à cause d'une épidémie de typhoïde, et elle aurait voulu donner naissance à un enfant semblable, qui aurait remplacé le petit mort. C'est pour cela, dit-on, que pendant quatre jours elle a refusé de voir sa fille et qu'elle a reculé le moment de lui donner un nom. Ainsi commence l'histoire de Maria Callas : à côté de la plaque, dès le début.

On est en 1923, dans les premiers jours de décembre. Le 2 ? Le 3 ? À dire vrai, on l'ignore, de sorte que sa date d'anniversaire, elle la choisira elle-même : le 4, parce que c'est le jour où l'on fête sainte Barbe. Une sainte volontaire et forte.

Maria naît à New York d'un père et d'une mère grecs : les Kalogeropoulos. Un nom anguleux, compliqué comme elle. Il sera simplifié en Kalos, qui veut dire beau, pour arriver plus tard à Callas, que le monde entier traduira ensuite par « Divine ».

À cinq ans, un accident. En traversant la rue, elle est percutée de plein fouet par une automobile qui la traîne sur plusieurs mètres. Maria se souviendra avoir entendu pendant les vingt-deux jours de coma qui s'ensuivent d'étranges mélodies lui bourdonner aux oreilles. Au commencement, donc, il y a la musique.

Elle étudie le chant dans son enfance avec une mystérieuse « signorina Sandrina » qui lui enseigne à la fois la méthode italienne et la méthode française, laquelle consiste à faire aussi passer la voix par le nez. C'est de là que viennent son agilité vocale et son timbre si particulier, de cet entraînement forcé de l'organe en jouant sur deux tessitures : mezzo-soprano et soprano.

En 1936, elle part vivre en Grèce avec sa mère et sa sœur. Elle passe des auditions, soumet sa voix si peu conventionnelle au jugement des autres et obtient ses premiers rôles, qui sont ses premiers petits succès. Quand elle chante, il se passe quelque chose : Maria se transforme, l'adolescente grassouillette qui a dû accomplir les travaux les plus divers pour nourrir sa famille devient une sorcière aux yeux magnétiques, dotée d'une voix âpre et d'une rare intensité.

Après la guerre, la voici de retour aux États-Unis. L'imprésario Bagarozy l'engage pour chanter *Turandot* à Chicago, mais sa compagnie fait faillite et la cantatrice se retrouve en difficulté, au point de devoir se replier sur un autre métier – celui de baby-sitter à New York. Heureusement pour elle, l'enfant confié à sa garde n'est autre que la fille du chef d'orchestre Sergio Failoni, qui finit par lui accorder une audition.

Il est donc vrai qu'à quelque chose malheur est bon, d'autant que la funeste expérience de la compagnie de Bagarozy a permis à Maria de rencontrer le chanteur Nicola Rossi-Lemeni. Grâce à lui, elle fait la connaissance de Giovanni Zanatello, fondateur du festival de Vérone, venu chercher de nouveaux talents aux États-Unis. Du talent, cette belle femme brune en a à revendre. Un talent flambant neuf, original, bientôt mis au service d'un répertoire qu'elle va littéralement ressusciter, parce que des interprètes capables de le chanter, il n'y en a pas d'autres.

Maria se délecte de Bellini et de Donizetti. Elle prend de l'assurance et fait du XIXe siècle sa marque de fabrique grâce au *canto di bravura*. On commence à comprendre que cette voix si reconnaissable n'appartient qu'à elle.

Si elle débarque à Naples en 1947 après avoir traversé les mers, c'est donc pour se rendre à Vérone. Dans la cité des célèbres amants elle rencontre son futur mari, l'homme d'affaires Giovanni Battista Meneghini, et se produit dans *La Gioconda* de Ponchielli – le premier rôle qu'elle ressent vraiment dans sa chair, dans ses os. C'est ainsi que ça doit être, pense Maria : il ne suffit pas de chanter, il faut devenir ce que l'on chante. Au début de 1949, on l'appelle en catastrophe à Venise pour un remplacement, la soprano Margherita Carosio ayant un souci de santé. Au soir du 19 janvier à la Fenice, Maria devient Elvira dans *Les Puritains* de Bellini, et déjà elle apparaît quasi divine aux yeux du monde.

Mais c'est la Scala qui la rendra vraiment célèbre pour le meilleur et pour le pire. Pour le meilleur, parce que dès lors sa renommée ne fera que croître. Pour le pire, parce que le public du célèbre théâtre milanais, qui a la dent dure, va découvrir combien sa voix est unique – ce qui veut dire qu'elle déplaira profondément à certains. Une voix impossible à classer, si incroyablement changeante et surprenante !

En 1949 toujours, au mois d'avril, Maria épouse Meneghini, qui laisse tomber ses affaires pour devenir son agent et son refuge.

Un an plus tard, la direction de la Scala offre enfin à la soprano grecque sa première grande opportunité : *Aïda*. Là aussi, il s'agit d'un remplacement – celui de Renata Tebaldi, rien que ça ! Et donc, entre de chaudes approbations et de grandes incertitudes chez un public déstabilisé par cette voix hors norme, Maria Callas prend son envol.

Elle s'installe définitivement à Milan. Sa renommée s'étend, dans les théâtres comme dans les salons. Elle doit être escortée après chaque représentation pour éviter que ses fans ne lui arrachent ses vêtements. Elle est élégante, adorée, idolâtrée même. La haute société milanaise, très fermée d'ordinaire, ouvre ses portes à Maria, star et déesse, *prima donna* et personnage de magazine.

Pourtant les critiques ne manquent pas, et même des critiques de poids. Au départ, elle n'a pas plu à Toscanini : il a parlé de sa « sale voix », « la voix âpre et crissante de cette Grecque qui bouleverse tous les paramètres ». Quant à Antonio Ghiringhelli, le directeur de la Scala qui aime tant la Tebaldi, il va lui mettre dans les roues tous les bâtons qu'il pourra trouver.

Mais la Callas n'en a pas moins quelque chose d'absolument unique. Chez elle, chant et récitation ne font qu'un. Elle se métamorphose à chaque rôle, elle est un papillon que personne ne peut retenir longtemps entre ses mains. Maria ne joue pas tel ou tel rôle : elle *devient* la duchesse Hélène, elle *devient* Norma, Médée, lady Macbeth, Lucia di Lammermoor, Alceste.

En mai 1955, elle est Violetta dans *La Traviata* mise en scène par Luchino Visconti. « La salle est en larmes, les loges en plein délire l'invoquent telle une sainte », commente un critique. Elle est applaudie au théâtre du Maggio Fiorentino, au Metropolitan Opera de New York, sur la scène londonienne de Covent Garden – bref, dans le monde entier.

Alberto Arbasino l'immortalise en 1959 dans son roman *L'Anonimo lombardo*. La journaliste Camilla Cederna rapporte : « De performance en performance et d'année en année, on se mit à parler de l'étrange sortilège exercé par sa voix : un souffle, une caresse, et puis le jaillissement soudain d'un son pareil à une épée étincelante, au-dessus de tous les autres. Quant à sa façon de réciter, elle était toujours le contraire de la convention : un dialogue intense et électrique avec le public, des paroles vraies qui exprimaient l'amour, la souffrance, la vie. »

C'est un répertoire extrêmement vaste qui s'ouvre devant elle. D'ordinaire, en fonction du caractère de la voix et du type de son émis, on parle de soprano léger, lyrique ou dramatique, ce qui limite la gamme de rôles auxquels peut s'attaquer une cantatrice. La Callas, au contraire, cumule les possibilités avec sa voix élastique, extraordinaire par son timbre, son volume, son extension. Au point que pour elle il n'existe pas encore de définition. Il faut l'inventer : soprano spectaculaire d'agilité. Voilà, c'est fait, et ça ne vaut que pour elle. Si elle est capable de faire sentir toute l'originalité d'un compositeur, il y a surtout sa présence à elle, tellement puissante, celle d'une femme avec toutes ses attentes, avec toute son histoire.

Et son histoire est aussi celle de son corps, qui ne lui convient plus. Avant de devenir sa grande amie et sa couturière, la styliste milanaise Biki la trouve « incroyablement grosse » et impossible à habiller. Camilla Cederna, qui l'observe lors d'un dîner chez la fille de Toscanini, estime qu'elle pèse alors « certainement plus de quatre-vingt-dix kilos », et elle n'a pas de peine à croire la mère de Maria quand elle prétend avoir donné naissance à un bébé de six kilos.

Alors Maria entreprend de maigrir. Comme s'il s'agissait d'interpréter un nouveau rôle, elle se met en tête de devenir Audrey Hepburn – dont elle garde une photo dans sa loge, se rappelle Zeffirelli. Et elle suit un régime drastique qui lui fait perdre trente-six kilos.

Certains raconte qu'elle a avalé un ténia avec du champagne, d'autres qu'elle était déjà assez malheureuse pour en perdre l'appétit, d'autres encore qu'on lui a fait des injections dans la thyroïde. Quoi qu'il en soit, elle maigrit. Et elle tient un journal dans lequel elle note son poids chaque fois qu'elle se produit dans un nouvel opéra : 92 kilos pour une *Norma* mais plus que 64 pour un *Don Carlo*, et ainsi de suite jusqu'à atteindre l'absurde objectif de 54 kilos.

Pourtant, lorsqu'en septembre 1957 elle participe à une soirée donnée à l'hôtel Danieli de Venise par la journaliste people Elsa Maxwell, Maria est dans une forme parfaite.

Elle vit la dernière de ses belles années. Avec les kilos superflus a disparu une certaine lourdeur dans ses gestes. Sa voix elle-même n'est plus que mouvement.

C'est là, dans ce palace vénitien, qu'au sommet de sa splendeur elle rencontre Aristote Onassis, l'armateur grec qui va ruiner son existence. Ils sont mariés chacun de leur côté, mais ils se mettent à se fréquenter assidûment, partout, sans se soucier des ragots, des photos, de Meneghini ni de Tina, leurs partenaires respectifs.

Maria obéit à cet homme richissime qui la veut à ses côtés tel un trophée, un ornement de sa puissance. Elle se coupe les cheveux parce que ça plaît au Grec, elle renonce aux lunettes parce qu'il n'aime pas ça, elle refuse des rôles, elle laisse se creuser en elle quelque chose d'obscur qui la conduira à sa perte.

Onassis la poursuit d'abord dans le monde entier avec des fleurs et des bijoux. Puis, une fois qu'il l'a faite sienne, il la laisse dans un coin, dans l'attente que leur amour puisse devenir officiel. Mais lorsque le milliardaire décide enfin de se remarier, il le fait avec Jacqueline Kennedy.

La mère de Maria voulait un garçon, et c'est elle qui est arrivée. Maria voulait Onassis, et lui en a épousé une autre.

Complètement à côté, une fois encore.

Et comme la voix arrive du cœur, si le cœur se brise la voix en fait autant.

Les neuf années passées à attendre qu'Onassis veuille bien l'épouser correspondent exactement à la crise artistique de la Callas. Son profond épuisement et ses crises d'aphonie à répétition commencent à écorner sa renommée. Le 2 janvier

1958 à Rome, elle est Norma devant Giovanni Gronchi, le président de la République, mais ne parvient pas à dépasser le premier acte. La Scala de Milan, en plein tumulte, lui fait dire qu'elle est désormais *persona non grata*. En novembre, son refus de chanter en alternance *La Traviata* et *Macbeth* compromet son contrat avec le Metropolitan Opera. L'année suivante, celle de son divorce d'avec Meneghini, elle incarne seulement Médée à Londres, puis ce même personnage et Lucia di Lammermoor à Dallas. En l'espace de quelques mois, sa voix perd de sa puissance et se salit d'un vilain vibrato, son registre aigu s'amenuise. Maria semble désormais préférer les fêtes avec Onassis…

En 1964, Franco Zeffirelli met en scène *Tosca* à Covent Garden. Elle s'y produit et il la filme. Elle se réfugie dans ce rôle qui n'est pas trop exigeant pour elle sur le plan vocal. Et le résultat la réconforte, la ranime, au point que c'est encore dans la peau de Tosca qu'elle accepte un majestueux retour à Paris et New York.

C'est un triomphe. L'ultime.

Le 5 juillet 1965 à Londres, devant la reine Élisabeth, elle chante encore un opéra entier. C'est la dernière fois et il s'agit bien sûr de *Tosca*. Elle n'a que quarante et un ans.

Le retrait de la scène. La rupture avec Aristote. L'appel de Pasolini, qui voudrait qu'elle soit Médée à l'écran – une femme capable de passions extrêmes et une dangereuse magicienne. Elle accepte, mais le film sorti en 1969 n'obtient qu'un succès modeste par rapport aux attentes.

Maria laisse de nouveau parler son cœur. La voilà peut-être, sa planche de salut. Et de nouveau l'amour sera boiteux, déséquilibré, malheureux. Pier Paolo Pasolini la traite en muse et elle se méprend sur cette dévotion. Ils sont une béquille l'un pour l'autre – lui qui a perdu Ninetto Davoli, elle qui est revenue de « neuf ans de sacrifices inutiles », ces années gâchées avec Onassis. Le monde observe l'intellectuel et la cantatrice qui passent de plus en plus de temps ensemble. Les lettres qu'ils s'échangent sont pleines de tendresse et de promesses, et un baiser sur les lèvres saisi par un paparazzo fait d'eux de parfaits amoureux pour magazines.

Mais à ces amoureux il manque quelque chose : la passion. Chambres séparées, une demande en mariage qui n'arrive pas, et Pasolini encore blessé par sa rupture avec Davoli. C'est un rêve que Maria fait toute seule et qui s'évanouit.

On lui propose une tournée, elle l'accepte tout en s'employant à ménager sa voix : elle chante à Paris pour la dernière fois en décembre 1973 ; elle se produit en public pour la dernière fois le 11 novembre 1974, à Sapporo.

Un an plus tard, Pasolini est assassiné sur une plage, et elle-même commence à mourir. Elle s'éteint en 1977 dans son appartement parisien. À cause d'un dysfonctionnement glandulaire, à cause de cette perte de poids si violente, de cette insomnie chronique traitée avec des médicaments illégaux. Ou peut-être, qui sait, à cause de la souffrance engendrée par un amour non réciproque.

On dit qu'Onassis allait la voir de temps en temps. On dit qu'il regrettait son corps, si amaigri soit-il, depuis son mariage avec ce tas d'os qu'était Jackie. Ce qui est sûr, c'est que la cantatrice la plus extraordinaire de l'Histoire a demandé que l'on disperse ses cendres dans la mer Égée. Pour étreindre son Aristote à travers les flots.

La Callas était certes une artiste rare par sa voix, mais surtout par la façon dont elle interprétait ses rôles. Pour un chef d'orchestre, c'est une qualité difficile à trouver, et c'est ce qui fait toute la différence. La perfection technique est une chose. Mais Maria, elle, possédait l'art de vous faire imaginer en fermant les yeux la scène qu'elle était en train de chanter. Elle avait le pouvoir de restituer toute une dramaturgie grâce à ses seules cordes vocales, ce qui suppose d'être littéralement à l'intérieur de l'œuvre, d'avoir des idées neuves sur le personnage qu'on incarne.

Avec sa voix si particulière et sa technique si personnelle, Maria Callas ne correspond plus à ce que l'on attend désormais d'une cantatrice : pureté des notes, émission linéaire du son, capacité à tenir debout sur une scène – point final. Et si elle passait un concours de chanteuse lyrique aujourd'hui, elle ne le remporterait pas forcément.

Toujours à côté, et parfaite ainsi.

Sofia Goubaïdoulina

Sur la mauvaise voie

Elle a plus de quatre-vingt-dix ans, Sofia Goubaïdoulina. La musicienne « irresponsable » – c'est la réputation qu'on lui a faite pendant des années – vit désormais toute seule dans un village d'Allemagne. Loin des clameurs, loin des sifflets et des applaudissements. La musique, terrain de tant d'expériences, a été pour elle la mesure de la liberté, du courage, des limites à dépasser. Limites mentales, historiques et musicales, certes, mais aussi très concrètes : des frontières sans nombre et un rideau de fer.

La musique qu'elle a créée, personne ne l'avait encore entendue – et dans sa patrie personne ne l'a entendue tout court. Du moins jusqu'à ces dernières années.

Elle naît en 1931 à Tchistopol, dans le Tatarstan, alors république autonome de l'Union soviétique. Une région sous forte influence islamique où l'alphabet cyrillique a mis du temps à remplacer les caractères arabes dans l'écriture officielle. Staline est au pouvoir depuis 1924 et sème déjà la terreur avec des purges féroces qui se traduisent souvent par l'élimination pure et simple des opposants. La petite Sofia, elle, tient le coup « en regardant le ciel et les nuages ».

Dans ce climat de répression et de peur, d'ordre et de pauvreté, elle entend un jour dans un spectacle de rue le souffle d'un accordéon et elle en tombe éperdument amoureuse. Ce qui la ravit et la décide à suivre ce son pendant sa vie entière, c'est précisément le fait qu'un instrument puisse respirer.

Pas de parents musiciens, pas même un disque à la maison. Seulement un horrible piano acquis à grand-peine. Et pendant que sa sœur en joue, Sofia torture les cordes, cherchant à en tirer quelque chose de nouveau. Cette nouveauté qui va devenir l'oxygène et le but de son existence.

En effet, elle veut composer, elle l'a décidé dès l'âge de cinq ans : « Il n'y a pas assez de musique dans le monde. Il en faut plus ! » Elle fréquente alors le conservatoire, étudie avec discipline et détermination, obtient son diplôme en piano et composition. Mais une fois les bases acquises, elle s'aventure avec une extrême audace dans des territoires inconnus.

Sofia est tout le contraire de ce que voudrait sa patrie. Elle est certes une femme dans un univers dominé par des hommes, mais surtout une grande croyante dans un État antireligieux (même si elle arrive assez tard à la foi orthodoxe, étant petite-fille d'imam). Et puis elle est d'origine tatare, ce qui n'est pas facile à vivre dans la complexe Union soviétique. Enfin, elle est curieuse de tout, anticonformiste, désireuse de faire s'affronter âprement les notes, les timbres et les sons.

Elle charge de sens le geste musical, qui devient symbole, qui devient un générateur et un concentré de significations ; entre ses mains, les instruments sont la personnification de

Dieu, du Christ et de l'Esprit saint. Elle crée une musique de contrastes – échelle diatonique contre échelle chromatique, *staccato* contre *legato*, consonance contre dissonance, mouvements horizontaux et verticaux pour symboliser la Croix. Le sacré, en somme, joué dans un monde profane.

Sur sa route, elle rencontre quelques grands maîtres auxquels elle se livre avec confiance. Un, surtout : Dmitri Chostakovitch, qui a osé avant elle se livrer à l'expérimentation et à la recherche dans un pays qui n'acceptait comme musique d'État que les marches militaires et les chœurs triomphalistes.

Chostakovitch, le plus grand compositeur russe du XXe siècle. Dans sa jeunesse, il a écrit de la musique joyeuse, politiquement inoffensive, avant que l'horreur envahissante du goulag et l'évanouissement de gens de plus en plus nombreux dans le néant ne le transforment en artiste engagé et encombrant.

Au début, il cherche à brouiller les pistes, aidé en cela par l'ignorance de Staline et des apparatchiks en matière de musique. Sous prétexte d'adopter les diktats de Maxime Gorki sur la nécessité révolutionnaire de raconter le passé, il compose un opéra créé le 22 janvier 1934 à Leningrad sous le titre *Lady Macbeth du district de Mtsensk* (d'après le roman éponyme de Nikolaï Leskov), un opéra dont l'héroïne a toute sa place parmi les personnages de ce livre.

Cette lady Macbeth se nomme en réalité Ekaterina et vit dans un petit village de Sibérie. Son histoire est censée se dérouler au milieu du XIXe siècle, mais l'atmosphère, la pauvreté et les mentalités belliqueuses évoquent évidemment la

Russie de Staline. Le moindre geste de cette femme fascinante, libre et passionnée semble une attaque directe contre la moralité socialiste. Autour d'elle gravitent une foule d'hommes petits et mesquins : le mari vénal et stupide, le beau-frère brutal et pervers, l'amant exigeant et égoïste. Ekaterina, malgré ses nombreux meurtres, est le seul personnage traversé par un souffle héroïque. Et cela, le pouvoir ne peut l'accepter.

Deux ans après la première, alors que l'œuvre a été jouée près de deux cents fois dans le pays, en plus d'avoir été bien accueillie à l'étranger, le régime semble soudain s'aviser de son existence. Il y a peu encore, la *Pravda* en parlait comme du « meilleur fruit qu'ait donné la ligne du Parti » ; elle accuse à présent Chostakovitch de privilégier un « formalisme » contraire à l'esprit du peuple et de remplacer « la musique par le chaos ». Dénoncé, stigmatisé, persécuté mais pas arrêté, il ne sera tout à fait réhabilité qu'après la mort de Staline.

Quand il pressent que Sofia Goubaïdoulina, qui l'assiste dans les années 1950, a non seulement du talent mais l'étoffe des êtres libres et rebelles, il lui fait une seule recommandation : « Persévère dans ta mauvaise voie ! » Elle écoute Chostakovitch et persévère.

En suivant cette mauvaise voie, elle va composer « de la fange bruyante au lieu d'une vraie nouveauté » : c'est en ces termes qu'elle est dénoncée à son tour, comme le Maître. À ceci près que contrairement à la génération précédente, elle ne risque pas la prison. Elle n'est pas précisément inquiète, d'ailleurs. Certes, ses œuvres ne sont pas exécutées en public, mais à part ça elle ne semble pas courir de grands risques.

« Les services secrets ne savent pas lire les partitions », plaisante-t-elle. Et d'ajouter plus sérieusement : « Ce n'est pas la mort qui me fait peur, mais la violence. »

Et puis, un jour de 1973, elle est agressée dans l'ascenseur de son immeuble par un inconnu qui se met à l'étrangler. Elle se sent suffoquer et l'idée de la mort imminente s'accompagne de la plus grande douleur possible, celle de ne pas avoir terminé son concerto pour basson.

C'est cela sans doute la différence entre un véritable musicien et les autres. Penser à la musique, toujours et avant tout. La seule chose que Sofia réussit alors à dire à l'homme, c'est : « Pourquoi si lentement ? » Elle entend par là que s'il doit la tuer, s'il doit l'empêcher de continuer à composer, qu'au moins il le fasse vite.

Curieusement, l'autre prend peur en l'entendant lui poser cette question. Il relâche sa prise et s'enfuit. Qui était cet individu ? Un agent du KGB, disent ses amis. Un simple fou, pense-t-elle.

Toujours est-il qu'au milieu des années 1970 elle cofonde l'ensemble Astreya, qui s'occupe d'improvisation folklorique. Mais en 1979, lors du sixième congrès de l'Union des compositeurs soviétiques, Sofia Goubaïdoulina est officiellement inscrite sur la liste noire. « Blacklistée. » Voilà ce qu'on peut lire aujourd'hui dans ses biographies. Parce qu'avec les autres musiciens d'un groupe baptisé « Les Sept de Khrennikov » elle a participé à plusieurs festivals non approuvés par le régime. Cette fois, donc, elle est vraiment dans le collimateur des communistes.

Ne pouvant vivre de ses compositions les plus audacieuses, elle œuvre dans le seul secteur professionnel qui ne lui soit pas interdit : celui de la bande-son. Elle écrit surtout des musiques pour des documentaires, ce qui lui laisse davantage de liberté.

Les relations entre Sofia et les autorités soviétiques se révèlent pour le moins compliquées et turbulentes. Le cœur du problème, c'est bien sûr son dialogue étroit avec la transcendance, qui la pousse à produire des notes empreintes d'une foi très profonde. Goubaïdoulina s'appuie de surcroît sur un certain mysticisme numérologique : elle utilise le nombre d'or et la suite de Fibonacci pour atteindre la dimension la plus naturelle et la plus humaine de la musique.

Il en est ainsi avec *Au commencement était le Rythme* (où le rythme se substitue en effet au Verbe). Sofia compose cette partition précisément parce qu'à ses yeux le rythme de notre respiration est ce que nous avons de plus humain. Cette même respiration qui l'avait fascinée enfant, lorsque le son d'un accordéon l'avait convaincue que l'instrument avait une âme.

Quoi qu'il advienne, Goubaïdoulina compose. Son éviction de la musique officielle par le pouvoir lui permet finalement de faire ce qu'elle veut – et la liberté justement est son nombre d'or à elle. Elle puise dans toutes les traditions qu'elle connaît, de l'avant-garde européenne (qui pénètre au compte-gouttes dans le pays) au patrimoine tatar, en passant par les airs traditionnels russes. Elle mêle tout cela ensemble, tonalité et modalité, chromatisme et musique sérielle, créant des combinaisons insolites, des pâtes sonores inconnues jusqu'alors.

Dans l'une de ses compositions elle utilise le koto, un instrument du Japon impérial, dans une autre le domra, proche de la balalaïka. Quant à ses ensembles, ils sont toujours très singuliers : elle écrit des quatuors pour saxophones, des concertos pour percussion qui deviennent ensuite des cantates quand elle y introduit soudain une mezzo-soprano, et ainsi de suite.

Musique symphonique, musique de chambre, une variété infinie de pièces qui au départ ne sont pas appréciées dans sa patrie, et qu'elle fait alors voyager puisque personne ne peut bloquer une partition à la frontière.

Le temps a passé depuis que les intellectuels ont fait circuler les premiers samizdats – ces œuvres interdites recopiées clandestinement à la machine (et souvent à la main). Il y a vingt ans que le manuscrit du *Docteur Jivago* est sorti secrètement d'Union soviétique, quinze ans se sont écoulés depuis que l'écrivaine Anna Akhmatova demandait aux amis venus en visite d'apprendre par cœur ses vers interdits de transcription. Mais le monde n'a pas encore complètement changé.

En 1980, Goubaïdoulina compose l'*Offertorium*, le concerto pour violon et orchestre qui marque sa consécration. Son agent à l'Ouest, Jürgen Köchel, passe clandestinement la frontière avec la partition, qui est exécutée en concert à Vienne en 1981. C'est un triomphe. Sa structure est extrêmement raffinée ; il s'agit presque d'une œuvre d'ingénierie, fondée sur la reprise, l'« offrande », la déconstruction et la reconstruction d'un thème de Bach.

Évoquant sa rencontre avec la compositrice, le violoncelliste Mstislav Rostropovitch rapporte : « Dans son bureau, j'ai vu un manuscrit couvert d'un enchevêtrement de lignes soigneusement tracées. Cela ressemblait au dessin qu'aurait pu faire un ingénieur pour un projet de Concorde. »

Ses créations envahissent le monde, et le monde dès lors ne cesse de la récompenser et de la célébrer. En 2013 à Venise, un Lion d'or vient consacrer l'ensemble de sa carrière.

La musique russe a toujours quelque chose à voir avec la douleur, dit Sofia Goubaïdoulina. Et sa musique à elle a bien un fond de mélancolie. Mais il en émane aussi une lumière aveuglante, grâce à ce divin avec lequel elle ne cesse de dialoguer et à ce goût pour la liberté qui l'empêche de jamais courber la tête.

Elle se marie, se remarie et puis se remarie encore. C'est après la mort de son troisième époux et de sa fille que sa veine créative, si pleine de ferveur et apparemment inépuisable, connaît son premier coup d'arrêt.

Elle est restée en Russie, la résiliente Sofia, tant que sa présence était jugée gênante. Et elle s'en va quand elle aurait été libre d'y rester. Mais surtout, une fois universellement reconnue comme la plus grande compositrice vivante, elle n'écrit plus, elle n'y arrive plus. Son âme saigne, et elle semble préférer le silence.

À deux portes de chez elle vit la veuve d'un ami très cher, le musicien Viktor Sousline. La mort de ce dernier semble finalement briser le maléfice : pour lui, elle conçoit une œuvre de chambre intitulée *So Be It*. Pour lui, Sofia recommence à créer.

Une nouvelle étape, qui sait ? Toujours est-il que le concerto pour basson vers lequel avaient volé ses pensées le jour de l'agression dans l'ascenseur est resté inachevé. Or la mort n'existe pas tant qu'il y a la musique.

Martha Argerich

La lionne

Martha et Daniel se sont cachés dans une maison inconnue. Ce sont deux enfants prodiges et normaux à la fois, et pendant que leurs mères bavardent ils jouent avec insouciance sous un piano à queue, refuge au toit de cordes et de marteaux. Ils sont à l'abri et heureux.

On est en 1949, l'année où elle va donner son premier vrai concert. Comptons le temps sur nos doigts : elle est née en 1941, Martita (qu'on appellera plus tard la Lionne, à cause des coups de patte dont elle semble parfois gratifier le clavier), ce qui veut dire que la petite Argentine à la chevelure rebelle et aux idées déjà bien arrêtées n'a que huit ans lorsqu'elle se produit en public pour la première fois.

Buenos Aires est une ville où la musique – classique, notamment – anime le quotidien, scande les passions et les conversations. Il y a plus de trois cents salles en ville, mais personne n'a jamais vraiment pu les compter. On voit souvent des queues devant les plus importantes, notamment devant le théâtre Colón, l'un des plus grands du monde, construit dans le style classique sur le projet d'un architecte italien, et financé par un imprésario lui aussi italien.

Mais c'est sur une autre scène que Martha fait ses débuts : l'Astral, avenida Corrientes. Elle interprète le *Concerto n° 20 en ré mineur* de Mozart et le *Concerto n° 1 en do majeur* de Beethoven, les doigts tremblants et le cœur battant, avec un rêve qui reste à réaliser. Avant de jouer Mozart elle s'est dit : « Si je fais une seule fausse note, je meurs. » La voilà déjà tout entière, Martita la perfectionniste.

Elle a pour mère une professeure de piano extrêmement sévère, ce qui explique qu'elle ait commencé à jouer très tôt – à deux ans et huit mois, pour être précis. Mais elle plaçait déjà ses doigts sur les touches blanches et noires à l'âge où les enfants tiennent à peine sur leurs pieds.

À quatre ans elle a sa première révélation musicale en écoutant Claudio Arrau dans le *Concerto n° 4 en sol majeur* de Beethoven, lequel lui donne la chair de poule. Le deuxième mouvement, surtout, la surprend et l'enchante. Cette œuvre deviendra si essentielle pour Martha qu'elle décidera de ne jamais la jouer en public, de crainte de ne pas réussir à la maîtriser. Ce sont des choses qui arrivent quand la musique vous touche si profondément. Au point, parfois, de vous faire taire pour toujours.

Elle suit un enseignement intense et rigoureux auprès d'un illustre professeur italien, Vincenzo Scaramuzza. Né à Crotone et débarqué à Buenos Aires en 1907 pour donner des cours dans une succursale argentine du conservatoire romain Sainte-Cécile, il n'en est jamais reparti. Il assure aussi la formation de Daniel Barenboim, le garçon avec qui la petite Martha se réfugiait sous le piano, et d'autres musiciens promis à un bel avenir.

En 1952 elle se produit au théâtre Colón, mais trois ans plus tard la famille Argerich déménage en Europe. Pour l'adolescente, quitter Buenos Aires signifie dire adieu à Scaramuzza et chercher de nouveaux professeurs. À Vienne, par exemple, elle étudie avec Friedrich Gulda, un homme aux multiples facettes. On qualifie de « pianiste terroriste » cet artiste qui n'hésite pas à mélanger du jazz et du Beethoven sans se soucier du résultat ni de la réaction du public.

Le maître autrichien voudrait que la jeune fille se tourne elle aussi vers le jazz, mais elle décide de rester fidèle à ce répertoire classique avec lequel elle entretient une intimité très profonde.

Elle a d'autres maîtres, bien sûr, et il y a ces quatre heures de leçons – seulement quatre – qu'elle prendra en 1960 avec Arturo Benedetti Michelangeli, peut-être le plus grand pianiste italien après Busoni. L'été, il donne gratuitement des cours de perfectionnement à des élèves venus du monde entier – « parce que la musique est un droit ».

Martha Argerich continue de nourrir son talent, toujours plus éclatant, toujours plus évident. À seize ans elle remporte le concours de piano de Genève et le concours Ferruccio Busoni de Bolzano, officialisant ainsi une histoire d'amour exclusive avec la musique – le seul lien indissoluble dans sa vie. Bach, Chopin, Brahms, Prokofiev, Liszt, Ravel, Rachmaninov : elle interprète, enregistre, émerveille. Sa technique est prodigieuse, sa rapidité d'exécution des octaves et la fluidité de son jeu sont à couper le souffle.

Sa renommée grandit, elle aussi grandit, et avec elle sa peur du public. C'est une panique irrationnelle qui va en s'aggravant. Quand elle monte sur scène sans lunettes, le clavier lui semble l'énorme ricanement d'un crocodile, tandis qu'elle-même se sent comme un insecte paralysé par les feux de la rampe.

Son succès naissant s'accompagne donc d'un rapport compliqué avec les concerts, avec le public, avec le théâtre. Et cela ne cessera jamais. À dix-sept ans elle déclare son premier forfait : elle ne veut pas jouer, elle le refuse de toutes ses forces, mais voilà, elle n'est pas malade à proprement parler. Alors elle téléphone pour dire qu'elle s'est coupée avec un couteau, avant d'en prendre un et de s'entailler réellement la main. Comme ça, ce sera vrai.

Telle est l'inflexible Martha Argerich, aux prises avec son caractère très orgueilleux et son instrument très exigeant.

Elle vient à peine de triompher aux concours de Genève et de Bolzano que déjà commence pour elle une période de silence, loin des récitals : trois années sans un seul concert. Elle vit un certain temps à New York, où elle se souvient d'avoir passé des nuits entières à regarder la télévision.

En effet, si Martha aime jouer du piano, elle déteste être pianiste. La solitude devant le clavier, le statut de soliste, le fait de n'être jamais partie intégrante d'un orchestre : tout cela l'expose à l'excès et risque de la briser. Pianiste, pourtant, c'est à peu près tout ce qu'elle sait faire. Elle voudrait pouvoir s'évader, ramener sa relation avec l'instrument à une affaire purement intime, strictement privée. Mais la musique la cloue à ce tabouret et à ces partitions, l'hypnotise et gagne à chaque fois.

C'est ainsi que Martha séduit le monde, avec son sourire énigmatique de Joconde et ses cheveux emmêlés de sorcière. Mais elle ne peut que constater à quel point elle est perturbée par ses premiers succès, alors elle se change en lionne : elle protège son talent comme un petit et recommence à étudier.

Repartir de zéro une fois encore, pour aller toujours plus loin.

Elle rencontre un nouveau maître, Stefan Askenase, qui va la remettre sur pied, et peu à peu elle revient à la scène. À vingt-quatre ans elle remporte le célèbre concours Chopin de Varsovie, ce qui est rare pour un étranger. On est en 1965, et Martha devient officiellement une star.

À partir des années 1980, elle trouve une stratégie simple pour combattre la solitude : ne plus se produire en soliste. Dès lors, elle jouera dans des ensembles et avec des orchestres, entourée d'autres musiciens, entourée d'amis comme Daniel Barenboim, qui l'aident à apaiser sa peur.

S'il fallait la définir en tant que pianiste par un seul adjectif, ce serait « inattaquable ». Son goût musical et sa technique sont toujours au plus haut. Sa capacité d'adaptation est extraordinaire, quel que soit le compositeur qu'elle affronte. Schumann ? Avec lui, pas question de plaisanter, mais par ailleurs « je crois que je lui plais ». Chopin ? « Un peu jaloux » de la voir si bien interpréter Liszt. Prokofiev ? « Il a beaucoup d'affection pour moi et ne m'a jamais joué de mauvais tours. »

Dès ses jeunes années elle a renoncé au jazz, que lui vantait tellement Gulda. Mais soudain on l'entend dire : « J'aimerais bien improviser. Il faut avoir certaines connaissances de base ; je pourrais les apprendre auprès de mes amis. Aujourd'hui, on pratique l'improvisation dans les conservatoires, alors que durant mes études c'était réservé aux organistes. J'aime beaucoup le jazz et le flamenco. »

Ce n'est pas un hasard si l'un de ses chevaux de bataille est précisément le *Concerto en sol majeur* de Maurice Ravel, qui sur fond d'impressionnisme mêle le classique au jazz, le blues aux rythmes basques de l'enfance du compositeur.

Et puis il y a le son Argerich, une infinie variété de timbres. Un son riche et rond, ou transparent et liquide, ou encore dur et étincelant. Le piano étant un instrument à percussion – les petits marteaux de bois frappent les cordes tendues à l'intérieur de la caisse de résonance –, il n'est pas si facile d'obtenir une émission sonore aussi subtile. Seuls les grands interprètes y parviennent – dont Martha. C'est comme si sa propre pensée forgeait le son qui sortira du piano. Une sorte de dialogue privé entre l'âme et les touches. Un niveau de communication un peu magique, un peu sorcier, auquel n'atteignent que quelques génies.

Mais pendant que son histoire artistique s'enrichit, la pianiste mène sa vie. Parce qu'« on ne peut pas jouer si on ne vit pas » : c'est là son mantra et sa force. Et sa musique fascine précisément parce qu'elle palpite et respire, parce qu'elle aime et souffre. Elle meurt, renaît et se transforme sans cesse – comme Martha.

Le premier homme avec qui elle trahit le piano s'appelle Robert Chen. Il est compositeur et chef d'orchestre. De leur mariage, qui se termine dès 1964, va naître Lyda Chen-Argerich, violoniste.

Martha n'est pas prête à être une épouse et une mère. Elle appartient à la musique, à l'instrument. Sa petite fille passe des mois dans une pouponnière et il faudra très longtemps pour recoudre cette douloureuse déchirure.

Le deuxième homme qui vient faire concurrence à son piano est Charles Dutoit, le grand chef d'orchestre suisse. Leur union est célébrée en 1969 mais s'achève elle aussi très rapidement, en 1973. Il en naît tout de même une fille, Annie.

Une troisième fille, Stéphanie, a pour père le célèbre pianiste Stephen Kovacevich.

Martha : une femme qui met au monde trois autres femmes. Ses hommes, eux, semblent toujours de passage. Ce que nous apprend la vie personnelle de la musicienne, c'est qu'il n'y a de place que pour un seul amour : l'amour encombrant, écrasant, épuisant pour son instrument, un amour merveilleusement réciproque. Le piano est un amant exigeant, dit-elle, si exigeant que c'est à lui que la lionne revient toujours.

Libre, volontaire, anticonformiste, telle est la femme, telle est la pianiste. C'est sans doute pour cela que lorsqu'elle tombe malade, en 1990, elle tourne toute son énergie vers la guérison, de la même manière qu'elle fonce sur le piano dès qu'elle entre en scène – sans réfléchir. Elle souffre d'un mélanome malin mais elle résiste, se soigne et guérit. Une récidive en 1995 va lui emporter un morceau de poumon. Cette fois encore, elle guérit.

Quand elle revient au clavier pour un concert très attendu à Carnegie Hall, les recettes vont toutes au John Wayne Cancer Institute, qui lui a sauvé la vie.

« Je ne sais pas si j'ai été une bonne mère », confie l'extraordinaire pianiste. C'est pourquoi elle s'efforce d'être du moins une bonne grand-mère. Entre-temps, Stéphanie Argerich lui a consacré un documentaire, *Bloody Daughter*, sorti en 2013. Il y a ce moment intime et émouvant où Martha parle au ventre arrondi de sa fille. Elle sifflote quelque chose à la vie qui va éclore. Stéphanie lui demande si elle jouait différemment quand elle-même était enceinte, et elle répond : « Un peu plus lentement, peut-être. »

Au fil du temps, la pianiste a inspiré et formé des dizaines de jeunes interprètes. Généreuse, combative, attentive à toutes les nouveautés dans le monde de la musique, elle a accueilli pendant quinze ans des artistes à Lugano dans le cadre du Projet Martha Argerich. Son génie, son expérience, elle les a partagés et enseignés.

Si elle ne sait pas de quoi l'avenir sera fait, elle sait qu'elle veut jouer encore et toujours. Plus jamais seule, mais avec ses amis les plus chers, ceux de toute une vie.

Des amis comme Daniel, toujours lui. Le garçon avec qui, devenue grande, elle a partagé plus d'une fois la scène et la gloire. Ce Daniel Barenboim qui la définit comme un magnifique tableau et qui, un soir, a rencontré une autre immense musicienne, Jacqueline du Pré…

Mais ce sera le sujet d'un autre chapitre de ce livre. Pour le moment, il est simplement Daniel un jour de 1949 : l'enfant avec qui la petite Martha est allée se cacher dans une maison inconnue. À l'époque où rien n'a commencé encore, où ils s'amusent tous les deux tandis que leurs mères n'en finissent pas de bavarder dehors. Ils ont au-dessus de la tête un piano à queue en guise de toit, un abri fait de cordes, de marteaux et de bonheur, qui sera toujours leur refuge.

Jacqueline du Pré

Un abandon totalement contagieux

Quand ils jouent ensemble, la vie est parfaite. Lui, c'est Daniel Barenboim, l'enfant prodige qui se cachait sous un piano avec son amie Martha Argerich, à Buenos Aires. Elle, c'est Jacqueline du Pré, née à Oxford en 1945 et qui à quatre ans, entendant un jour le son d'un violoncelle à la radio, a dit à sa mère : « J'en veux un comme ça ! »

Dans un livre consacré à des musiciennes ayant cherché à s'affirmer face aux hommes, voici l'histoire d'une femme qui a rencontré le succès en faisant son chemin aux côtés d'un homme.

Élevée par un père comptable et une mère professeure de piano, Jacqueline commence l'étude du violoncelle à cinq ans. Mais avant même de savoir parler, elle chantait déjà à la perfection. Les photos sur lesquelles la fillette aux tresses blondes disparaît presque derrière son premier violoncelle, un ¾ qui paraît énorme, sont les premières preuves de son obstination, de sa force de caractère. Elle est déjà en train de se fondre lentement dans la musique.

Si son père reste indifférent à son aura de petit phénomène musical, sa mère, elle, continue à l'instruire, en même temps que sa sœur Hilary. Elle écrit pour les deux enfants de petites mélodies qu'elle accompagne de dessins (et c'est leur grand plaisir de trouver au matin ces partitions qu'elles vont pouvoir jouer ensemble). Mais elle craint que le talent si lumineux de Jacqueline la tienne à l'écart du monde, l'éloigne trop des gens normaux. Elle s'efforce donc de la maintenir à une altitude raisonnable, peut-être même trop basse, compromettant ainsi son estime de soi.

La fillette n'a que six ans quand elle commence à se produire en public. Elle étudie désormais à la London Cello School, où on la débarrasse de son gros instrument pour lui en donner un qui à ses yeux n'est qu'une miniature, un simple jouet : une véritable gifle pour son orgueil.

À huit ans, elle fait sa première apparition à la télévision. Sa concentration quand elle joue est extrême. Elle est littéralement immergée dans la musique. Elle sent le violoncelle avec les mains, avec tout son corps ; son rapport avec lui est instinctif, immédiat.

Le professeur auquel elle sera éternellement reconnaissante, celui qu'elle appelle son *cello daddy*, est le célèbre William Pleeth. Il dira plus tard avoir ressenti l'immense talent de Jacqueline comme une véritable présence physique dès le premier jour où elle a poussé sa porte. Elle étudie avec lui de 1955 à 1961, pendant ces années où elle voit son corps grandir en même temps que l'instrument, et son talent s'épanouir.

Les jambes, les bras, les doigts, le cou : chaque partie d'elle est faite pour coïncider avec le violoncelle, pour dialoguer et s'entremêler éperdument avec lui. Car c'est avec tout son corps que Jacqueline jouera désormais. Agitant la tête, tournant le buste, les bras mobiles, ses cheveux tournoyant autour d'elle, comme animés d'une vie propre.

À seize ans, elle débute au Wigmore Hall de Londres. Accompagnée au piano par Ernest Lush, elle joue Händel, Brahms, Debussy.

Mais là, en pleine adolescence et au seuil d'une immense carrière, elle commence à avoir des doutes. Son talent est-il vraiment à la hauteur ? Alors elle arrête tout et s'en va étudier avec Casals en Suisse, avec Rostropovitch à Moscou. L'année suivante, au Royal Festival Hall et avec l'Orchestre symphonique de la BBC, elle s'attaque pour la première fois au *Concerto pour violoncelle op. 85* du Britannique Edward Elgar. En 1963 elle l'exécute à nouveau, dirigée par le légendaire Malcolm Sargent. La critique qualifie le récital de « chant du cygne d'une rare et impalpable beauté ». Le monde entier loue la parfaite exécution de Jacqueline, qu'elle reprendra trois années de suite pour répondre au désir du public.

Le triomphe est tel qu'en 1965 EMI lui propose de graver ce concerto avec l'Orchestre symphonique de Londres, sous la direction de John Barbirolli. C'est un merveilleux point de non-retour, une sorte de borne milliaire dans l'histoire de la musique. Un enregistrement sublime, sans équivalent, qui demeure un modèle pour tous les violoncellistes.

Cette œuvre sera pour la virtuose un chant du cygne au sens propre, mais elle ne le sait pas encore. Au fil du temps, elle ne cessera pas d'accentuer la mélancolie du *Concerto* d'Elgar, mais pour l'heure elle est en pleine possession de ses moyens. Elle dégage une lumière intense, une énergie qui se transmet aux autres musiciens.

Barbirolli résume Jacqueline du Pré en une phrase : « Elle est excessive, mais il faut l'être quand on est jeune ! » Exubérante plus qu'excessive. Blonde, très belle, une sorte de Brigitte Bardot de la musique classique, l'étui du violoncelle toujours à portée de main.

Et quel violoncelle ! On est loin de celui de son enfance. Au début des années 1960 elle joue sur un Stradivarius de 1673, puis elle tombe amoureuse d'une autre créature de Stradivarius : le Davidoff, un violoncelle de 1712 qui tient son nom d'un de ses précédents propriétaires. La plupart des enregistrements les plus célèbres de Jacqueline sont réalisés avec cet instrument. Mais elle finit par le délaisser parce qu'il est un peu faible pour une interprète aussi fougueuse, en sus d'être trop sensible aux changements de climat. Elle se met alors à jouer sur un violoncelle moderne commandé au luthier d'origine frioulane Sergio Peresson.

Malgré les acclamations, malgré les prix obtenus et la reconnaissance qui lui arrive de tous les coins du monde, ce monde lui reste étranger, comme s'il lui échappait. En réalité, il va lui tomber sur la tête lors d'une soirée de Noël à Londres, en 1966 : elle y fait la connaissance du pianiste et chef d'orchestre israélo-argentin Daniel Barenboim et se met à jouer du Brahms avec lui.

Avant cela ils ont eu l'occasion de se parler au téléphone. C'était alors « l'histoire la moins romantique qui soit », confiera Daniel. En effet, il l'a appelée sur le conseil d'amis parce qu'il avait contracté comme elle la mononucléose, mais leur rencontre a été remise à plus tard.

Une fois en sa présence, il est littéralement fasciné par le sourire qui illumine le visage de la jeune femme. Elle, de son côté, comprend que le moyen d'habiter le monde comme elle le souhaite est inscrit dans le regard vif de cet artiste qui ressent la vie et la musique exactement comme elle.

Daniel Barenboim, une personnalité forte et explosive qui ne dort que quelques heures par nuit pour ne pas dérober de temps à l'étude, à la recherche, aux relations publiques. Jacqueline, au contraire, ne se conduit jamais en prima donna. Quand c'est Daniel qui dirige, elle reste autant que possible parmi les violoncellistes de l'orchestre pendant les répétitions, pour vivre l'expérience de l'intérieur et être toute à la joie de faire de la musique. Il se souviendra que ce qui l'impressionnait chez elle, ce n'était pas la volonté de travailler deux fois plus que les autres, deux fois plus qu'un homme (comme toute femme dans ce milieu), mais le fait qu'elle voulait d'abord être « quelqu'un d'heureux ». Et en effet, disait-elle, « quand je joue du violoncelle, je suis heureuse ».

Ils se marient en juin 1967 à Jérusalem. Pour lui, elle s'est convertie au judaïsme et leur union célèbre la fin de la guerre des Six Jours. Ils devront hélas affronter une autre guerre, mais pas tout de suite. D'ici là, Jacqueline va être demandée par les plus grands orchestres du monde.

Elle travaille certes avec Barenboim, mais aussi avec Leonard Bernstein, Adrian Boult, Zubin Mehta et beaucoup, beaucoup d'autres. En outre, elle tisse grâce à la musique de chambre des relations artistiques très fortes avec des interprètes tels que Pinchas Zukerman et Itzhak Perlman. Elle savoure le plaisir de jouer dans un ensemble et de rompre avec la rigidité, l'austérité dans lesquelles semblaient murés jusqu'alors beaucoup de musiciens classiques.

Quand Jacqueline et Daniel font de la musique ensemble, la vie est parfaite. Dirigée par lui ou accompagnée par lui au piano, elle resplendit d'une lumière plus forte. Il la guide, il la berce, et en même temps il semble la déshabiller. Le public participe à cette intimité, il se réjouit de les voir s'immerger ensemble dans leur musique et dans leur amour.

À ceci près que la vie, comme on le sait, n'est pas parfaite.

Les épuisantes tournées auxquelles les contraint le succès les amènent à mettre fin à leur lune de miel symphonique. Jacqueline commence à se sentir fatiguée, elle perçoit pour la première fois que son corps a cessé de ne faire qu'un avec l'instrument. C'est comme si ses membres et le violoncelle avaient soudain cessé de dialoguer.

Elle s'éloigne du public pendant un an, de 1971 à 1972, puis remonte sur scène en 1973 pour une série de concerts américains. Mais son jeu embarrasse les mêmes critiques qui, quelques mois plus tôt, la plaçaient parmi les plus grandes musiciennes de l'Histoire. Il est clair que le repos n'a pas suffi et que le problème est ailleurs.

Vers la fin de l'année, la vingt-huitième de sa vie, elle apprend que si ses doigts ne sentent plus les cordes c'est uniquement à cause d'une maladie : la sclérose en plaques. La comète a déjà fini de traverser le ciel.

On a souvent comparé la relation passionnée et tourmentée de Jacqueline du Pré et Daniel Barenboim avec celle de Clara Wieck et Robert Schumann. À cette différence près que Jacqueline et Daniel, plus en symbiose dans l'activité musicale que les Schumann, n'arrivent pas à affronter ensemble les drames de l'existence. Et alors que Clara comptait bien demeurer aux côtés de Robert jusqu'au bout, Barenboim, lui, n'y arrive pas avec sa femme. Tandis que le génie de la violoncelliste s'évanouit, englouti par cette sclérose en plaques qui ne lui permet plus de jouer en public, de tenir son archet ni même d'ouvrir ou de fermer l'étui de son instrument, l'amour lui aussi vacille et s'effrite.

Comme si c'était la musique, au fond, qui nourrissait cet amour, qui le faisait tenir debout.

Il faut préciser que Jacqueline a eu une histoire avec son beau-frère chef d'orchestre, Christopher Finzi, l'époux de sa sœur Hilary. L'affaire prendra un tour sordide lorsque celle-ci l'évoquera dans *A Genius in the Family* (un livre écrit avec leur frère dix ans après la mort de la musicienne). Elle prétendra avoir approuvé cette relation pour aider la malade à faire face à ses premiers problèmes de santé et à une grave crise conjugale. Version démentie ensuite par la propre fille d'Hilary, qui défendra la mémoire de sa tante en déclarant que son père l'avait séduite à seule fin de satisfaire son narcissisme.

Mais revenons au début des années 1980. Alors que l'état de son épouse s'aggrave, Daniel commence à fréquenter la pianiste russe Elena Bashkirova. C'est bien plus qu'une simple escapade puisque deux garçons vont naître : David Arthur en 1982 et Michael en 1985.

Dans les dernières années de sa vie, Jacqueline peut seulement se consacrer à l'enseignement et à l'écoute. Les yeux et les oreilles : c'est tout ce qui lui reste pour faire et pour donner de la musique.

À l'un de ses élèves préférés, Gérard Leclerc, elle confie un jour :

« Le violoncelle est fâché avec moi. Voilà longtemps que je n'en joue plus.

– Alors pourquoi ne pas en jouer ensemble ? » rétorque Gérard, qui déjà s'est emparé de l'instrument et l'a positionné entre les bras de sa professeure.

En guidant ses mains avec les siennes, il l'aide à jouer quelques notes. Quelques-unes, pas plus.

« Je suis certain que c'est la dernière fois de sa vie qu'elle a touché un violoncelle », commentera-t-il plus tard.

Jacqueline du Pré meurt en 1987 à l'âge de quarante-deux ans. Une lumière s'éteint.

Daniel épouse Elena en 1988.

Une question nous vient alors à l'esprit : comment a-t-il pu lui faire ça ? Mais personne ne saura jamais ce qui se passe entre deux personnes qui se sont aimées et qui ne s'aiment plus.

De Jacqueline, Daniel n'a pas su aimer la maladie. Ou peut-être l'amour était-il fini depuis un moment déjà, peut-être ne pouvait-il pas perdurer dans l'hypocrisie à cause de la maladie seulement. Sur cette question, en tout cas, Barenboim se taira longtemps. Il ne rompra le silence que bien des années après la mort de la violoncelliste.

« Elle a été une légende de la musique », dira-t-il.

Et encore :

« Ma plus grande joie musicale, je l'ai connue en jouant avec elle. Nous étions complémentaires. Elle avait un abandon totalement contagieux, et je l'aimais. »

Björk

Vocations, visions et volcans

Si les nerfs étaient des instruments, ce seraient des cordes. Le cœur serait des percussions. Les poumons, une voix.

Homogenic, l'album de 1997, est conçu comme un objet vivant. Exactement comme Björk qui le chante, qui l'habite et qui le joue.

Mais revenons en arrière : à un autre album intitulé *Debut*, bien qu'à sa sortie en 1993 l'artiste ait déjà derrière elle seize ans de carrière.

Jusqu'alors, la vie de Björk a été une vie en communauté : depuis celle des hippies avec lesquels elle a grandi jusqu'aux Sugarcubes, le groupe au sein duquel elle s'est investie avec son premier mari, le père de son fils Sindri, jusqu'en 1992. Mais cette année-là, celle de ses vingt-sept ans, elle a décidé de porter seule sa musique.

Debut, donc, pour repartir de zéro. Mais c'est depuis l'enfance que Björk vit de musique. Elle a déjà chanté et introduit des sons singuliers dans plusieurs groupes avant de décider de voler de ses propres ailes.

Le monde découvre alors l'existence de cette Islandaise toute menue aux cheveux très noirs et aux yeux en amande. Madonna lui demande une chanson et Björk lui en écrit une (qui n'est pas la meilleure de son répertoire). Les propositions de films affluent de toutes parts, mais elle les refuse. Car la petite Islandaise s'apprête à changer l'Histoire avec sa voix de soprano.

La voix, avant tout. C'est avec elle que Björk expérimente, impressionne, berce. Flûtiste et pianiste (mais elle sait aussi jouer de la harpe, de l'harmonica, du hautbois...), elle crée des mélodies à la fois glaciales et lumineuses.

Sa musique est totalement nouvelle, au point de sembler d'abord d'un accès difficile – avant de séduire en quelques instants. C'est un pêle-mêle fluide de possibilités : passant du rock à l'électro, de la techno à la musique classique, jetant un défi à la dance, au punk et au jazz pour aboutir à la pop, l'artiste bouleverse le concept de genre. Avec ses sons variés, son accent caractéristique et sa gestuelle si particulière, elle vient enrichir l'adjectif « alternatif » qu'on entend partout dans la période charnière entre les années 1990 et les années 2000.

Pour simplifier à l'extrême, on peut dire que la musique de Björk est ancrée dans quatre traditions : le rock de la communauté dans laquelle elle a vécu, le jazz qu'aimait son père, la musique classique qu'elle a étudiée et les mélodies populaires islandaises.

Mais chez elle, les concepts de tradition et d'expérimentation semblent perdre toute signification, leurs contours deviennent flous. Björk les investit d'un sens radicalement nouveau. Et comment réussir à amalgamer tout cela ? Seule une gamine aux cheveux aile de corbeau et aux yeux en amande le sait.

Ce qu'elle crée n'est pas seulement de la musique, c'est une œuvre totale. La danse, la mode, l'art : tout y entre dans une inspiration un peu dadaïste, un instinct un peu sorcier. Impossible à étiqueter, Björk, sans contours, et pourtant étincelante.

Mais quel âge a-t-elle vraiment ? Quelle tête ?

Et puis quelle voix a-t-elle quand elle est en famille ? (Son deuxième enfant, Isadora, est né en 2002 de son mariage avec le plasticien Matthew Barney.)

On sait tout d'elle, et pourtant on a l'impression de ne rien savoir du tout. C'est une entité insaisissable, une sorte d'ange coloré que l'on ne peut ni capturer ni toucher, mais que tout le monde peut admirer en vol.

Sur scène elle se travestit ; on voit à peine son visage, merveilleuse diva uniquement enveloppée de sa musique, concentrée sur ses gestes, grandioses et naturels comme son talent. Puis, lorsque les lumières s'éteignent, la dame de Reykjavík s'évanouit dans un nuage de fumée, telle une enchanteresse, vous laissant douter d'avoir vraiment assisté à ce tour de passe-passe.

C'est à peu près toujours comme ça que les choses se passent.

On la qualifie volontiers de « feu follet » parce qu'elle apparaît dans des champs musicaux très éloignés les uns des autres ; parce que l'instant d'avant elle évoluait sur des architectures sonores très sombres, très complexes, et que l'instant d'après la voilà qui se lance dans une sorte de numéro de claquettes assorti de *chut... chut...* C'est *It's Oh So Quiet*, un standard que chantait Betty Hutton au début des années 1950 et que Björk reprend en hurlant littéralement l'amour dans un style Broadway impeccable.

Elle n'arrive pas à n'être que chanson, et elle n'arrive pas non plus à n'être qu'innovation. Tout commence à l'âge de onze ans, en 1977, avec un album intitulé *Björk*, qui contient des morceaux inédits en plus de reprises des Beatles et de Stevie Wonder. Mais elle refuse d'enregistrer un deuxième disque, et avec l'argent du premier elle achète un piano sur lequel elle commence à composer. Elle est déjà là tout entière, entre la pop et le classique. Une petite tête brune qui cogite encore et encore.

On pourrait penser qu'un pareil éclectisme, une démonstration si originale de talent ne peuvent s'adresser qu'à un public de connaisseurs, mais en réalité c'est tout le contraire : *Debut* s'est vendu à des centaines de milliers d'exemplaires.

Quand la musique est véritablement avant-gardiste, casse-cou, explosive comme une cataracte, la mélodie vient rattraper l'auditeur par le col pour le ramener dans la pop la plus pure. De même, quand une ritournelle semble trop rassurante, ce sont les rythmes de la techno qui arrivent, les échantillonnages, les dissonances et quelques trouvailles ingénieuses qui sèment la zizanie en anéantissant toute certitude.

Au fond, c'est la même chose dans sa vie, qui fait des cabrioles inattendues mais la ramène toujours à la musique – cette musique qui pour Björk est une seconde nature.

En 1996, alors qu'elle vient d'atterrir à Bangkok avec son garçon de dix ans, elle est accueillie par un groupe nourri de photographes et de reporters. Elle agresse alors brutalement une journaliste qui s'approchait pour lui poser une question. « J'ai eu peur qu'elle veuille faire du mal à mon fils », se justifiera-t-elle plus tard.

Cette même année, Ricardo López, vingt et un ans, lui expédie un colis contenant une bombe à l'acide sulfurique, après quoi il filme son suicide : il a voulu tuer « sa » Björk et se tuer ensuite pour que tous deux soient réunis dans la mort.

Le colis est intercepté, mais l'existence de Björk explose quand même. Alors que l'univers la vénère comme une divinité, elle a peur de sortir. Elle quitte Londres et retourne vivre en Islande. Comme nous le faisons tous dans les moments difficiles, elle rentre à la maison, elle se terre là où tout a commencé et où tout, par la suite, recommencera.

Elle écoute les bruits de son île, celui de la glace en mouvement, les grands souffles qui jaillissent de la terre. Autant de sons techno, électroniques, qui supplient qu'on les échantillonne ; des sons produits par le corps de la nature, qui est aussi le nôtre, qu'il faut écouter et laisser résonner. Le rapport complexe avec son sol natal, la chanteuse ne l'oublie jamais. C'est la naissance de l'album *Homogenic* : les cordes sont neigeuses, le rythme volcanique.

Dans *Utopia*, qui sort en 2017 après une période d'implication résolue dans la défense de l'environnement, mais aussi de souffrance à cause de sa rupture avec Matthew Barney, elle organise avec une extrême rigueur le monde parfait qu'elle imagine.

Fille d'un syndicaliste et d'une activiste politique, Björk a fondé son art dès le début sur l'engagement. Sa musique est souvent porteuse de messages politiques : l'artiste soutient avec ténacité de nombreux mouvements séparatistes, combat les grandes puissances et se sert de sa voix pour proclamer que l'état de la planète est préoccupant.

Avec *Utopia*, elle décide de créer un monde où ont disparu les magouilles politiques et les dommages provoqués par le changement climatique. C'est une très belle utopie, en effet, la vision féministe et matriarcale d'une société paradisiaque.

La femme avant tout. La femme au centre.

Mais elle, la femme qui a reçu tous les prix possibles, s'effondre à nouveau ; elle se brise en mille morceaux pendant le tournage de *Dancer in the Dark*, de Lars von Trier. En 2000 à Cannes, le film reçoit la Palme d'or, et Björk le prix d'interprétation féminine pour le rôle de Selma, mais elle jure que jamais plus elle ne vivra pareille expérience.

« J'ai souffert parce que je n'arrivais pas à accepter que cette histoire soit une fiction. Pour moi tout est vrai. La musique est joie, mais ce film n'a été que douleur », confie-t-elle.

« Je me suis senti comme un bourreau qui la conduisait en enfer », répond le cinéaste.

Elle parlera de harcèlement sexuel, lui démentira.

Elle a grandi en aimant Stockhausen et John Cage, Olivier Messiaen, Sun Ra et Joni Mitchell. En aimant la justice et la nature. Les hommes mais aussi les femmes, selon une conception panthéiste de l'union avec le tout. « Choisir entre les hommes et les femmes, c'est comme choisir entre la tarte et la glace, a-t-elle déclaré. Ce serait idiot de ne pas goûter aux deux ! »

Björk, étrange et donc unique, dans son timbre comme dans ses attitudes. Expérimentatrice, outsider par vocation, et pourtant capable d'un succès planétaire. Une artiste complète, cultivée, qui puise dans un bagage chargé d'influences très diverses, elle qui aime la musique symphonique et les orchestres de quatre-vingts musiciens, Maurice Ravel et Brian Eno, le folklore et les synthétiseurs, et puis aussi les technologies d'avant-garde. Avec tout cela elle fait quelque chose qui se pratique depuis très longtemps, quelque chose d'aussi simple que mystérieux : de la musique. Cette musique qui entre ses mains devient un langage complètement nouveau.

Björk la punk – celle qui vous agresse quand elle chante. Mais c'est une agression salutaire, en ce sens que si on passe outre il ne reste plus qu'à se jeter dans la mêlée pour ne faire plus qu'un avec le monde.

Björk qui grossit : de nourriture, de vie, de tout.

Et si, après quarante années de carrière et des millions de disques et de CD vendus dans le monde, on lui demande d'évoquer un moment de sa vie musicale, un seul, où elle s'est vraiment sentie fière d'elle, l'Islandaise toute menue aux cheveux aile de corbeau et aux yeux en amande, le feu follet asexué et sans âge qui semble toujours tombé du ciel, répond :

« Quand j'ai joué l'une de mes compositions à l'enterrement de ma grand-mère. »

Hildur Guðnadóttir et Rachel Portman

De Jane Austen au synthétiseur

Un Grammy Award, un Emmy Award, un BAFTA, un Golden Globe, un Oscar : ce ne sont que quelques-uns des prix remportés par la violoncelliste et compositrice Hildur Guðnadóttir pour ses musiques de films. Inutile de préciser qu'une fois encore c'est une nouvelle frontière qui s'est ouverte pour les femmes, car les bandes originales ont longtemps été l'apanage des hommes.

Hildur semble savoir d'instinct dans quel sens évolue le goût de l'académie des Oscar. Mieux, ce goût est aussi le sien. Elle préfère l'échantillonnage à l'orchestration classique, dans la droite ligne des compositions de Hans Zimmer et Danny Elfman. Des échanges raffinés entre son physique et son digital, entre instruments réels et électroniques ; des ambiances sonores qui soulignent l'état émotionnel des personnages et les accompagnent dans leur introspection.

Après avoir brillé en tant que violoncelliste pour *The Revenant* et compositrice pour *Sicario. La guerre des cartels*, Hildur Guðnadóttir compose d'autres musiques de films qui vont l'amener au firmament de Hollywood.

Elle commence par écrire celles de la minisérie *Chernobyl*, qui lui valent en 2019 un Grammy Award et un Emmy Award. Elles ne comportent pas un seul instrument : le son dans sa totalité – englobant donc aussi les bruits – a été enregistré à partir du décor réel dans lequel la série a été tournée en Lituanie, puis il a été réélaboré, échantillonné et monté. Le seul élément humain est la voix de Hildur elle-même. Le résultat a quelque chose de paradoxal qui défie l'idée que nous nous faisons habituellement de la musique. On est proche des concepts de design et de paysage sonores, on songe à la musique concrète de Pierre Schaeffer.

Puis Hildur est choisie pour travailler sur *Joker*. C'est là qu'elle arrive au sommet, là qu'elle obtient en 2020 un Oscar pour cette partition sombre, inquiétante. Et dire que tout a commencé si loin de l'Amérique, si loin de la musique classique ! Dans une contrée de glace et de feu – en Islande, une fois encore.

L'Islande, on y retourne, comme l'a fait Björk à un certain moment de sa vie, en quête d'un refuge et de réconfort. Mais l'Islande, on peut aussi la quitter pour toujours. Fidèle aux mots du poète John Donne – « Aucun homme n'est une île » –, Hildur ne compte pas habiter de nouveau sur cette terre où elle est née en 1982 et dont elle est profondément imprégnée.

Son destin est inscrit dans son nom. Sa mère, chanteuse lyrique, écoutait Jacqueline du Pré pendant qu'elle l'attendait. Le prénom qu'elle lui a choisi vient du vieil islandais « bataille », en référence au jeu fougueux de la belle violoncelliste anglaise. Et c'est précisément le violoncelle qu'apprend Hildur dès son plus jeune âge.

Pour elle, la rencontre décisive est sans doute celle avec le compositeur Jóhann Jóhannsson (mort d'une overdose en 2018). Une rencontre qui va lui révéler toutes les possibilités du mot « musique ».

Après avoir fréquenté l'Université des arts de Berlin, elle intègre en Islande la Kitchen Motors, collectif culturel et label discographique cofondé à Reykjavík par ce même Jóhannsson pour promouvoir et valoriser toutes les formes d'art.

Dans les groupes où elle joue et dans les projets où elle s'investit, Hildur Guðnadóttir cherche à réaliser une fusion poétique entre les deux instruments avec lesquels elle a grandi : la voix et le violoncelle. À force d'expérimentations, elle parvient à les faire converser remarquablement entre eux, ainsi qu'avec les instruments électroniques.

Elle persiste en s'appuyant sur l'idée très juste que le son du violoncelle est celui qui se rapproche le plus de la voix humaine, les fréquences utilisées étant très proches. En 2014, elle enregistre ainsi l'album *Saman* (« Ensemble »), où la fusion des deux donne un son très touchant – et très humain, précisément.

Et c'est aussi le violoncelle, présent dans toute sa production, qui vole la vedette dans *Joker* : le thème est souvent exécuté avec un halldorophone, un instrument électroacoustique créé en 2005 par Halldór Úlfarsson (auquel il doit son nom) avec l'aide de Hildur. Cet étrange violoncelle et l'électronique essaient de dialoguer mais finissent souvent par produire un son trop strident. Comme si, à l'instar de l'âme tourmentée de Joker, la musique cherchait à rendre cette scission entre ce qui a un corps, un poids, et ce qui n'existe que dans la tête.

Au début du film, l'orchestre est presque imperceptible malgré ses quatre-vingt-dix instruments, comme dissimulé derrière le violoncelle, de même qu'Arthur (incarné par Joaquin Phoenix) s'est dissimulé sa vraie nature, enfouissant sa fureur, son ressentiment et sa souffrance derrière un rire forcé. À mesure que la rage s'empare du personnage, l'orchestre se fait de plus en plus présent, jusqu'au finale où il devient si fort et si violent qu'il étouffe le violoncelle, exactement comme l'a fait Joker avec Arthur.

Cette musique-là pénètre sous la peau, elle raconte un malaise, une dépression, elle investit une image et la démultiplie.

C'est pour cette ambitieuse bande-son d'un film aussitôt entré dans l'histoire du cinéma (et notamment Lion d'or à Venise) que nous retrouvons Hildur Guðnadóttir au soir du 9 février 2020 sur la scène du Dolby Theatre de Los Angeles, lors de la cérémonie des Oscars. Elle est en train d'agiter en l'air, heureuse comme une gamine, la statuette la plus convoitée dans le monde du cinéma.

Et si la belle musicienne dont les yeux clairs évoquent le grand froid de sa terre natale est présente dans ce livre, c'est qu'au seuil de ses quarante ans elle est la plus digne représentante des jeunes compositrices de musiques de films – un genre dans lequel elle est la troisième à avoir reçu un Oscar.

La deuxième a été Anne Dudley pour *The Full Monty* en 1998. La première a été Rachel Portman, l'année précédente. Non seulement aucune femme n'avait eu l'honneur de recevoir ce prix, mais c'est à peine s'il y avait des compositrices dans ce domaine, se rappelle Rachel.

Elle a remporté son Oscar pour la musique d'*Emma l'entremetteuse* et ça ne pouvait tomber mieux : le film est tiré d'un roman de Jane Austen – « l'artiste la plus parfaite parmi les femmes », selon Virginia Woolf. Entre la fin du XVIIIe siècle et le début du XIXe, cette écrivaine a créé de remarquables personnages de femmes engluées dans les règles sociales de leur époque et pourtant anticonformistes, originales, allergiques à toutes les conventions.

C'est donc une ironique bénédiction que nous envoie de loin l'Anglaise Jane Austen quand c'est précisément avec l'adaptation de son *Emma* qu'est enfreint, presque deux siècles après sa publication, l'antique tabou selon lequel l'Oscar de la meilleure musique de film doit toujours être attribué à un homme. Jamais à une femme – du moins jusqu'à une autre Anglaise, Rachel Portman, née en 1960 dans le Sussex, et qui a commencé à composer alors qu'elle avait à peine quatorze ans.

Son amour pour la bande-son naît au moment où elle fréquente le Worcester College d'Oxford. Dès lors, écrire pour le cinéma devient sa religion. Elle le fait pour de nombreux films à succès, dont *Sirènes, Simples Secrets, L'Œuvre de Dieu, la part du Diable, La Couleur du mensonge, Le Sourire de Mona Lisa, Oliver Twist, The Duchess, Auprès de moi toujours*...

Et aussi *Le Chocolat*, qui en 2001 lui permet d'être nominée à la fois pour l'Oscar et le Golden Globe. Là encore apparaît à l'écran un personnage féminin très singulier, interprété par Juliette Binoche : à l'orée des années 1960, Vianne Rocher sème le trouble dans un petit village français avec ses chocolats magiques et son mode de vie si éloigné des clichés de l'époque. Une femme qui affronte les préjugés sans se soucier des ragots, au nom de son bonheur.

Ce qui fait la grandeur de Rachel Portman, c'est qu'elle est capable d'une invention mélodique continue : ses morceaux sont simples, intimistes, presque diffus ; les thèmes vous restent dans la tête, ils se fixent dans l'imaginaire collectif, sont faciles à siffler, reconnaissables, élégants. Le mode de composition est traditionnel, un « style à l'ancienne » dans la veine d'Ennio Morricone, de Henry Mancini, de Luis Bacalov et de Michael Nyman, mais aussi d'Armando Trovajoli et de Nino Rota. Un univers musical où l'aspect mélodique l'emporte toujours sur les autres paramètres, un univers assis sur de robustes racines classiques, dans la plus pure tradition orchestrale. Les partitions de Rachel sont narratives, elles décrivent les caractères des protagonistes de façon picturale, avec ici et là une touche de folklore. Elles racontent vraiment une histoire et la compositrice se définit d'ailleurs comme une *storyteller*, une conteuse – mais en musique.

Son parti pris est à l'opposé de l'approche contemporaine de Hildur Guðnadóttir, qui, plus qu'une ligne mélodique efficace, recherche une ambiance sonore avec des instruments électroniques et des synthétiseurs. Rachel Portman, elle, reste attachée à l'instrument physique.

Rachel, coupe de garçon, large sourire ingénu, a été mariée au producteur et réalisateur Uberto Pasolini, neveu de Luchino Visconti et apparenté à Pier Paolo Pasolini. Dans un livre consacré à des femmes qui se sont affranchies des contraintes imposées par l'Histoire et du statut de fille *de*, sœur *de* ou épouse *de*, cet Uberto est d'abord le mari *de* Rachel Portman, la première musicienne à avoir reçu un Oscar pour son travail et son talent.

Playlist

Pour cette playlist que j'ai concoctée afin de vous accompagner dans la lecture de *Fortissima*, je ne peux que partir du chant grégorien. Nous sommes au cœur du Moyen Âge. La tradition fait remonter le chant monodique aux moines bénédictins qui, sous le pape Grégoire le Grand, prient et chantent ensemble : ils sont unis par la voix, et leur ambitus ne dépasse pas l'octave.

Écoutez un chant de messe quelconque puis des compositions d'Hildegarde de Bingen comme *O virtus sapientiae* et *Columba aspexit*, sur le « parfum de l'âme », ou encore le chant responsorial *Favus distillans*, dédié à sainte Ursule, et vous percevrez aussitôt la hardiesse de ces lignes mélodiques qui s'élancent en toute liberté vers les hauteurs, vers la connaissance, vers Dieu. Comparez ensuite ces œuvres à celles de Kassia (ou Casia, Ikasia, Eikasia…), une abbesse byzantine qui fut aussi poétesse et compositrice. Elle vécut à Constantinople entre 810 et 865. Avant Hildegarde, donc, avec un style à la saveur orientale plus direct encore, moins entravé par les rigides constructions des systèmes occidentaux.

Au XVIe siècle, la forme musicale qui s'impose est le madrigal, qui prévoit une adhésion maximale entre la musique et le texte. Il est conçu alors comme un passe-temps essentiellement aristocratique et ce sont les nobles eux-mêmes qui interprètent ces chansons dans l'intimité.

Don Carlo Gesualdo di Venosa en est l'un des plus grands compositeurs. Étant prince et donc musicien par divertissement, il peut se livrer à l'expérimentation et s'autoriser à convertir en notes les tourments de son existence. (Rappelons qu'il fut accusé du meurtre de sa femme pour adultère.) Ses énigmatiques compositions s'enrichissent d'âpres dissonances, à la différence des musiciens de profession, qui devaient toujours compter avec le goût de leur public. Comparez un madrigal de Luca Marenzio, surnommé « le cygne le plus doux » (par exemple *Solo e pensoso i più deserti campi* ou *Vezzosi augelli*), à un madrigal de Carlo Gesualdo (comme *Moro, lasso, al mio duolo* ou *Itene o miei sospiri*), et vous comprendrez aussitôt de quoi je parle.

Gesualdo, « prince des musiciens », et Claudio Monteverdi sont les deux figures marquantes du passage de la musique de la Renaissance à la musique baroque. On doit à Monteverdi la naissance du mélodrame avec son *Orfeo*, représenté à la cour de Mantoue en 1607. Certes, à la fin du siècle précédent, Jacopo Peri avait déjà composé une « fable musicale », *La Dafne*, sur des textes d'Ottavio Rinuccini. Mais l'*Orfeo* étant le premier opéra dont la partition nous soit parvenue, l'année 1607 est restée la date fondatrice de ce genre musical. Monteverdi explore les relations entre musique et sentiments, c'est-à-dire la capacité de la musique à exprimer à elle seule les émotions les plus variées.

C'est dans cette période de grande fermentation culturelle qu'évoluent Maddalena Casulana, Barbara Strozzi et Francesca Caccini. Pour vous faire une idée de leurs compositions je vous renvoie aux œuvres citées dans le chapitre qui leur est consacré.

Mozart est synonyme de classicisme. Il développe les architectures de Haydn (dont je vous conseille la *Symphonie n° 101 en ré majeur*, à savoir la neuvième de ses douze symphonies londoniennes, appelée « L'Horloge » à cause du rythme sur le mode « tic-tac » dans le deuxième mouvement). Wolfgang porte le genre symphonique à son sommet (je songe notamment à sa *Symphonie n° 36*, dite « Linz ») et nous émeut avec les premiers accents du Sturm und Drang (voyez le deuxième mouvement du *Concerto pour piano n° 23*), auquel Beethoven donnera toute sa mesure.

De ce dernier vous connaissez sûrement la *Cinquième Symphonie*, celle où le destin frappe à la porte, et la *Neuvième*, dans laquelle on entonne l'*Hymne à la joie*, mais je vous conseille vivement d'écouter la *Quatrième*, cette « frêle jeune fille méditerranéenne entre deux géants nordiques », comme l'a définie Robert Schumann – une symphonie assaisonnée de piquante ironie, ajouterai-je, d'autant que c'est celle de Beethoven que j'aime le plus.

Sur l'immense production mozartienne, ma symphonie préférée est la n° 39, dite « Le chant du cygne », qui tout en respectant fondamentalement les canons de l'époque est empreinte de subversion musicale. Ainsi, dans le premier mouvement, ce rythme ternaire qui commence de manière diffuse pour s'achever dans un bruyant éclat de rire : c'est la vie qui palpite et déborde, qui veut briser les carcans. Dans le quatrième mouvement, il semble que les diverses sections de l'orchestre se moquent les unes des autres, attaquant à contretemps et ne cessant de s'interrompre mutuellement. Un jeu avec les instruments où je vois le côté railleur et farceur de Mozart.

Mais nous ne pouvons pas tourner cette page de l'histoire de la musique sans avoir écouté son *Divertimento n° 11*, autrement dit le « Nannerl Septett », l'unique témoignage musical qui fasse référence à sa sœur, à laquelle il est dédié.

Étrange destin que celui de Felix Mendelssohn : il fut un acteur majeur de la redécouverte de Bach, mais sa propre musique fut négligée durant de longues décennies. Tout le monde connaît sa *Marche nuptiale*, tirée du *Songe d'une nuit d'été*, ainsi que son *Concerto pour violon n° 2*. De ce génie romantique on gagne aussi à connaître les symphonies, dont l'« italienne » (la n° 4), l'une de ses œuvres les plus jouées, qui s'inspire de danses méridionales comme la saltarelle et la tarentelle, mais qui est aussi pleine d'une sorte de ferveur révolutionnaire.

Le mari de Fanny Mendelssohn encouragea toujours celle-ci à composer. Le *Trio op. 11*, son chef-d'œuvre, fut achevé en 1847. Elle mourut d'une attaque cérébrale un mois après qu'il eut été joué en public, et six mois plus tard son frère Felix la suivait dans la tombe. Le premier mouvement commence par une décharge d'énergie rendue par les tourbillonnements du piano, lesquels en constituent l'épine dorsale. Les deuxième et troisième mouvements, plus lyriques, nous rappellent que le talent de Fanny s'exprimait aussi dans les lieder. Le deuxième mouvement en particulier s'ouvre au piano par une introduction qui renvoie aux *Romances sans paroles* de Felix, tandis que le troisième inclut une citation de l'oratorio *Elias*, composé par celui-ci à la même période. Enfin le quatrième mouvement, plus dramatique et pleinement romantique, s'ouvre sur une rhapsodie exécutée par le piano seul.

Une fois sa carrière de virtuose définitivement brisée par une paralysie progressive de la main droite, Robert Schumann se consacra à la composition. Mais il se dépensa aussi pour diffuser la musique nouvelle en qualité de critique musical, car il fonda en 1834 la *Neue Zeitschrift für Musik*, revue dont il assura la direction jusqu'en 1844. À travers elle il se lança dans une véritable bataille culturelle qui visait trois objectifs : remettre à l'honneur les œuvres incontournables de compositeurs comme Bach, Beethoven et Schubert ; dénoncer les « philistins » épris d'une virtuosité toute superficielle ; favoriser l'avènement d'une nouvelle ère poétique. À cette fin, Schumann montra un remarquable flair de découvreur de talents en faisant la promotion de Chopin, Mendelssohn, Berlioz, Liszt, Brahms ou encore Louise Farrenc, même s'il ne partageait pas forcément tous leurs choix musicaux.

De Louise Farrenc, je vous conseille d'écouter les deux ouvertures pour orchestre ainsi que les trois symphonies. La n° 3 est son chef-d'œuvre absolu : une composition à l'architecture complexe, totalement dans la veine des symphonies allemandes de Mendelssohn et de Schumann, et où il faut attendre le dernier mouvement pour trouver une allusion à Berlioz, son compatriote novateur.

Il s'agit là d'une partition pleine de tension et d'inquiétude. On le perçoit dès le premier mouvement, qui s'ouvre sur des mesures lentes et mélancoliques, avant de se transformer en un allegro fébrile qui va littéralement se déchaîner dans la coda. Le deuxième mouvement est bercé par la mélodie de la clarinette, et le troisième est un scherzo spasmodique exécuté essentiellement au piano, suggérant l'épuisement et le tourment intérieur. Quand vous aurez entendu le finale, vous n'arriverez plus à vous le sortir de la tête. Ce mouvement tout entier est implacable, presque féroce, et dément le préjugé selon lequel une musique puissante, voire violente, ne peut être composée que par un homme. Louise Farrenc a une voix qui fait fi des classifications et mérite vraiment d'être écoutée.

Vers 1833, Robert Schumann fut aussi le fondateur d'une confrérie artistique très particulière, puisque totalement imaginaire : la Confrérie de David, qui comme le héros biblique avait pour mission de combattre les « philistins ». Quelques années plus tard, il composa ses *Danses des compagnons de David op. 6*, une série de dix-huit courtes pièces pour piano. Au début, on retrouve le motif de la *Mazurka op. 6 n° 5* de Clara Wieck, non seulement repris mais transfiguré comme pour servir de tremplin à la fantaisie du musicien. C'était l'époque où le père de sa bien-aimée était hostile à leur mariage.

Clara Wieck Schumann. Ma rencontre avec elle a eu lieu en 2018. Je débutais alors avec l'Orchestre philharmonique de Sofia, qui avait inscrit au programme son *Concerto pour piano op. 7 en la mineur*, achevé en 1835. En étudiant cette œuvre que je ne connaissais pas, j'ai été frappée par l'absence d'interruption entre les mouvements. Le deuxième nous plonge dans de la musique de chambre avec son dialogue entre le piano et le premier violoncelle. Il me rappelle le deuxième mouvement du *Concerto pour piano n° 2* de Tchaïkovski, composé quarante-cinq ans après celui de Clara, où non seulement un violoncelle mais aussi le premier violon conversent avec le piano. C'est pourquoi, dans la seconde partie de ce concert de 2018, j'ai décidé d'introduire une symphonie de Tchaïkovski, la quatrième. Écoutez les concertos de ce dernier et ceux de Robert Schumann : vous sentirez ce qui les relie subtilement à celui de Clara.

Aux antipodes de Schumann, stylistiquement parlant, nous trouvons Johannes Brahms, l'ami du couple. Le critique musical Eduard Hanslick, son contemporain, l'a présenté comme « l'adversaire de la musique moderne de type wagnérien ». On sourit aujourd'hui en pensant que des années plus tard Arnold Schönberg, le père de l'avant-garde dodécaphonique, rédigera un article intitulé « Brahms le progressiste ». Ledit Brahms est à son sommet dans sa *Symphonie n° 4*, que je vous conseille d'écouter sous la direction de Carlos Kleiber. Ici, les formes classiques s'élargissent pour contenir la vie, le drame, la recherche personnelle, intellectuelle et spirituelle. La partition est semée de citations beethovéniennes. Le dernier mouvement – *Allegro energico e passionato* – est une passacaille symphonique qui reprend une cantate de Bach : *Nach dir, Herr, verlanget mich* (*Vers toi, Seigneur, j'élève mon âme*). Tours et détours de l'Histoire. Regarder le passé pour imaginer le futur : à n'en pas douter, Brahms était un progressiste.

En concevant cette playlist, je me suis demandé à qui associer Nadia Boulanger, parmi tant de compositeurs – ses élèves ou simplement ses contemporains. Rappelons-nous qu'elle a renoncé à composer après la disparition de sa sœur Lili. J'ai donc décidé de respecter cette décision à ma façon en évoquant le musicien qui n'a survécu que dix jours à la jeune femme : Claude Debussy, qui eut précisément une extraordinaire influence sur Nadia.

Il est le père de l'impressionnisme musical : ce que Monet, Renoir, Degas et Manet faisaient avec les couleurs, ce que les « poètes maudits » faisaient avec les mots, Debussy, Ravel, Dukas (et aussi Satie à un certain moment) le faisaient avec les sons. Autant d'atmosphères évanescentes et oniriques, de contours estompés, de couleurs et de timbres mêlés, d'orchestrations magistrales. Parfois la musique se fond avec la poésie, comme dans le *Prélude à l'après-midi d'un faune*, inspiré par un poème de Mallarmé. Dans certaines compositions, Debussy représente incontestablement la nature à la façon des peintres impressionnistes : par touches de couleur et de lumière. C'est très vrai dans *La Mer*, mon œuvre favorite, qui se divise en trois « esquisses symphoniques » décrivant les flots à divers moments de la journée et dans différentes conditions atmosphériques : *De l'aube à midi sur la mer*, *Jeux de vagues*, *Dialogue du vent et de la mer*.

J'ai été initiée à la musique de Sofia Goubaïdoulina en dernière année de conservatoire, à l'occasion d'un concert. Ce jour-là, je devais diriger la *Musique pour cordes, percussion et célesta* de Béla Bartók, les *Métamorphoses* de Richard

Strauss et l'*Introitus* de Goubaïdoulina. Ce fut pour moi une révélation. Ce concerto pour piano et orchestre de chambre utilise la tierce majeure, intervalle typique de la monodie grégorienne. Le piano est joué longuement d'une seule main sur un registre limité à quelques notes, avant de s'ouvrir dans le finale.

De là, j'ai découvert *Offertorium*, *Sieben Worte* et *Rejoice !* – « un cycle imaginaire de messes musicales et instrumentales, sans paroles, sans chants », comme le dit la compositrice. Il s'agit de différentes façons d'articuler la prière, avec une grande variété de timbres et de couleurs, et des combinaisons inattendues. Sofia explique aussi que pour elle « l'orgue est un élément qui va au-delà de la vie terrestre, alors que les percussions, sous une forme mystérieuse, un peu dingue et toujours en mouvement, nous attachent à l'horizon de la terre ». Le son du marimba lui donne « l'impression de traverser les grands fossés du temps ». Et d'ajouter : « Les cloches, les cymbales, les tam-tams, les bongos renferment en eux les grands mystères du temps et ceux qui sont au-delà du temps. Bien sûr, ce que je dis là reste de l'ordre de la conviction personnelle, mais je suis persuadée qu'en associant ces instruments il est possible d'unir la terre et le ciel. »

Son opposition au pouvoir soviétique est d'une autre nature que celle de son maître Chostakovitch, dont la fin des symphonies n° 5 et n° 6 résonne comme une parade communiste – en apparence pour célébrer le régime, en réalité pour s'en moquer. La résistance de Sofia est différente : elle n'est pas violente mais susurrée. C'est la parole sacrée, jamais hurlée, toujours suggérée, qui devient subversive.

Enfin, pour que la boucle soit bouclée, je vous invite à écouter son *Aus den Visionen von Hildegard von Bingen* pour contralto solo. Éloquent, n'est-ce pas ?

Quand je pense à Martha Argerich, la première chose qui me vient à l'esprit est une photo d'elle avec Claudio Abbado prise en 1967 : lui assis sur le piano, tête baissée, dans la posture d'un homme en pleine méditation ; elle assise devant l'instrument, en train de regarder le photographe droit dans les yeux avec un air tout à la fois énigmatique et impertinent, Joconde résolument moderne et sensuelle vêtue d'une jupe plutôt courte qui tient un peu du manifeste. Ce cliché sert de couverture à une compilation récente des concertos qu'ils ont gravés ensemble entre 1967, donc, et 2013. Dans ces enregistrements, Martha est aussi à l'aise dans le *Concerto n° 3* de Prokofiev que dans le n° 1 de Chopin, le n° 1 de Liszt, le n° 1 de Tchaïkovski, les nos 2 et 3 de Beethoven et les nos 20 et 25 de Mozart.

L'album propose en outre deux interprétations du *Concerto en sol* de Ravel, et aussi son *Gaspard de la nuit*, une pièce pour piano seul qui est l'une des pages les plus difficiles de la littérature pianistique. Mais c'est sur le *Concerto en sol* que je veux m'arrêter un instant. Vous vous rappelez l'impressionnisme musical dont je vous parlais plus haut ? Ici, loin d'être éthérée et onirique (sauf dans le sublime deuxième mouvement), l'atmosphère est pétillante, voire fracassante. On devine l'influence de la musique basque liée à l'enfance de Ravel, mais aussi celle du jazz et du blues, entendus lors de sa tournée américaine. Quant au jeu de Martha, il est synonyme de vitalité, de technique époustouflante et… de groove.

Jacqueline du Pré, en revanche, donne le meilleur d'elle-même dans le répertoire romantique et le romantisme tardif. Nous avons parlé de sa relation particulière avec le *Concerto op. 85* d'Edward Elgar, mais nous ne pouvons pas laisser de côté ses interprétations des concertos de Robert Schumann et du *Concerto n° 2 op. 104* d'Antonin Dvořák. De ce compositeur tchèque vous avez sûrement entendu au moins une fois la célèbre *Symphonie n° 9*, dite « du Nouveau Monde » parce qu'il l'a écrite en Amérique (même si en réalité elle est imprégnée des mélodies et des rythmes de sa Bohême natale). En 1969, Neil Armstrong partit pour la Lune avec un enregistrement de cette œuvre célébrissime.

Il est difficile de dire quel est le rôle le plus emblématique qu'ait chanté Maria Callas. Personnellement, je l'adore dans *Tosca* parce que tout comme cette héroïne elle pouvait dire avoir « vécu d'art, vécu d'amour ». Maria, elle-même héroïne de Puccini ; Maria, qui à l'instar de Tosca portait en elle un destin tragique. J'aime aussi son interprétation dans *Médée* de Cherubini, un opéra dont on lui doit la redécouverte.

Mais c'est surtout la Norma de Bellini qu'incarne parfaitement Callas : tout comme cette prêtresse gauloise, l'une de ces femmes trahies qu'on rencontre dans les opéras, elle a dû partager l'homme qu'elle aimait avec une autre. « Ah ! Redeviens celui que tu étais quand je t'ai donné mon cœur ! Ah ! Reviens vers moi ! » chantait Maria – mais il n'est pas revenu. Elle ne tenait pas le rôle de Norma : elle était Norma.

De l'opéra au cinéma il n'y a qu'un pas. Inutile de rappeler que Björk s'est illustrée dans *Dancer in the Dark* – « anti-comédie musicale », selon son réalisateur, Lars von Trier. *I've Seen It All* est le titre phare de *SelmaSongs*, la bande-son du film, qu'elle chante avec Thom Yorke, de Radiohead. La musique et les images sont indissolublement liées dans le clip d'*All Is Full of Love*, une collaboration de folie avec le génie de Chris Cunningham. Ne laissez pas non plus passer le clip de *Venus as a Boy* (l'une de mes chansons préférées de la chanteuse islandaise), dans lequel Sophie Muller met en scène une très jeune Björk en train de faire frire des œufs, entre ironie et surréalisme.

Mes derniers conseils sont eux aussi cinématographiques, car lorsqu'on parle de musiques de films il est impossible de découpler l'image du son. Donc, regardez et écoutez *Chernobyl* et *Joker*, mais aussi *Le Chocolat* ou encore *L'Œuvre de Dieu, la part du Diable*… Essayez de les analyser avec la méthode du masquage. Il s'agit de passer une séquence plusieurs fois : avec son et image, avec son seul et avec image seule, afin de mieux analyser les éléments qui la constituent. L'image aurait-elle la même force d'expression, la même puissance émotionnelle sans les musiques d'Hildur Guðnadóttir et de Rachel Portman ?

Bon visionnage et bonne écoute !

Table

Quelques témoignages de femmes d'exception aux éditions Payot

Elizabeth L. Banks

Dans la peau d'une domestique anglaise

et autres immersions d'une journaliste américaine dans le Londres victorien

Traduit par Hélène Colombeau et Hélène Hinfray
Présentation de Mario Pasa

En 1892, la jeune Américaine Elizabeth L. Banks (1872-1938) débarque à Londres avec l'espoir de percer dans le journalisme. Convaincue que les Anglaises doivent prendre modèle sur ses compatriotes pour obtenir plus de liberté, Elizabeth décide de dénoncer les conditions de travail des femmes les plus modestes, mais aussi de briser les préjugés de tous bords. Elle qui ne sait pas coudre un bouton se fait alors passer pour domestique, balayeuse de rue, bouquetière puis blanchisseuse. Elle interprète ces rôles avec autant de sérieux que d'humour, et pour stigmatiser la « toute-puissance du dollar » elle endosse en outre celui d'une de ces riches Américaines venues s'acheter en Angleterre une généalogie fantaisiste ou un époux aristocrate. Les mésaventures de cette pionnière du journalisme d'immersion ont dérangé, voire ébranlé, une société victorienne sur le déclin. Regroupées en volume en 1894 et traduites en français pour la première fois, elles constituent un passionnant témoignage historique aux accents littéraires sur la condition féminine à la fin du XIXe siècle. Établie définitivement à Londres, l'auteure a écrit pour de nombreux journaux britanniques et américains.

Isabella L. Bird

Une Anglaise au Far West

Voyage d'une femme aux montagnes Rocheuses

Traduction d'E. Martineau des Chesnez
revue et complétée par Hélène Hinfray
Préface de Corinne Verdet

Rien ne prédisposait Isabella L. Bird (1831-1904) à voyager. Cette fille de pasteur anglais était de santé fragile et traînait sa neurasthénie de fauteuil en sofa, jusqu'à ce qu'un médecin perspicace lui prescrive le voyage pour remède. C'est une révélation. Elle découvre en solitaire l'Australie, la Nouvelle-Zélande, les États-Unis, le Maroc, le Tibet, la Chine, la Corée et le Japon. En 1873, elle s'en va explorer les Rocheuses dans son « costume hawaiien ». Elle passe quatre mois dans ce Colorado qui n'est pas encore un État, partageant le quotidien rude des colons et parcourant à cheval des centaines de kilomètres en compagnie de desperados tels que Mountain Jim, dont elle tombe follement amoureuse. Près de vingt ans plus tard, elle sera la première femme admise à la Royal Geographical Society de Londres.

Anne-France Dautheville

La vieille qui conduisait des motos

Dix ans qu'elle n'était pas remontée sur une moto ! Le jour de ses soixante ans, cette *biker* de choc cède de nouveau à l'appel de la route, enfourche une BMW 800 et part faire un tour de France de l'amitié pour fêter son anniversaire avec les gens qu'elle aime. Son *road trip* se révèle autant un récit de voyage qu'une méditation tonique sur la vie et une exaltation des sensations à moto. Si « le bonheur est dans l'errance », comme elle aime à dire, son livre brosse le portrait d'une mémé flingueuse ayant décidé que la vieillesse serait joyeuse et son corps, « moelleux ». Anne-France Dautheville est la première femme à avoir fait en solitaire le tour du monde à moto, au début des années 1970, périple qu'elle raconte dans *Et j'ai suivi le vent.* Toujours aux éditions Payot, elle est aussi l'auteure de *L'Australie, c'est en bas à droite* et de *La Piste de l'or.*

Ella Maillart
La Voie cruelle
Deux femmes, une Ford vers l'Afghanistan

Préface de Frédéric Vitoux

En juin 1939, la Suissesse Ella Maillart – l'une des plus grandes aventurières du XXe siècle (1903-1997) – et sa compatriote Christina – en réalité l'écrivaine et photographe Annemarie Schwarzenbach – décident de partir au volant d'une Ford vers l'Afghanistan pour découvrir « comment on peut vivre en accord avec son cœur ». Dans ces paysages somptueux, tout oppose les deux femmes, l'une robuste, l'autre blessée. Ella n'arrachera pas Christina à la souffrance et à la drogue, mais elle tirera de cette expérience un récit magnifique et poignant, un récit qui « fait travailler l'imagination ». D'Ella Maillart sont aussi disponibles aux éditions Payot *Croisières et caravanes, Des monts Célestes aux sables Rouges, Ma philosophie du voyage, Oasis interdites et La Vagabonde des mers.*

Agatha Christie Mallowan
La Romancière et l'archéologue
Mes aventures au Moyen-Orient

Traduit et préfacé par Jean-Noël Liaut

En 1930, Agatha Christie (1890-1976) est divorcée depuis deux ans lorsqu'elle laisse provisoirement derrière elle sa chère Angleterre et une carrière littéraire déjà bien assise pour découvrir le site d'Our en Iraq. Elle a pour cicérone Max Mallowan, un archéologue de vingt-six ans qu'elle épouse quelques mois plus tard. Commence alors une vie de voyages à deux : plusieurs saisons de fouilles au Moyen-Orient se succèdent jusqu'en 1939, qu'elle racontera plus tard avec nostalgie, certes, mais aussi avec un humour inoxydable, un art consommé de l'autodérision et une solide expérience de la nature humaine. Ainsi évoque-t-elle avec autant de verve un cheikh roublard et une mère maquerelle offensée, la constipation des ouvriers et les sous-vêtements du chauffeur. Plus sérieusement, rien ne lui échappe des dissensions opposant divers peuples ni de la condition des femmes. Ses pérégrinations lui inspireront trois de ses livres les plus célèbres : *Le Crime de l'Orient-Express, Meurtre en Mésopotamie et Mort sur le Nil.*

Sarah Raymond Herndon
À travers les Grandes Plaines
Une jeune institutrice à la conquête de l'Ouest

Traduit par Hélène Hinfray
et présenté par Mario Pasa

Le 1er mai 1865, une jeune institutrice surnommée Sallie quitte le Missouri avec sa mère et deux de ses frères pour aller s'installer dans les nouveaux territoires de l'Ouest, où ils espèrent oublier les heures sombres de la guerre de Sécession. Par peur des Indiens ils rejoignent un long convoi de chariots, mais les quatre mois de voyage n'en sont pas moins éprouvants : promiscuité, maladie et frugalité constituent le quotidien des pionniers – un quotidien que Sarah Raymond Herndon (1840-1914) trouve le temps de décrire minutieusement dans son journal de voyage. Elle ne perd jamais courage, car au bout de la route il y a l'espoir d'une existence nouvelle pour cette Américaine de vingt-quatre ans qui, au travers de sa plume, se fait la voix de centaines de milliers d'héroïnes du Far West demeurées anonymes.

Annemarie Schwarzenbach
Où est la terre des promesses ?
Avec Ella Maillart en Afghanistan (1939-1940)

Traduit par Dominique Laure Miermont

La vie d'Annemarie Schwarzenbach (1908-1942), tout à la fois écrivaine, reporter-photographe et archéologue suisse, a été marquée par la morphine, les amours malheureuses, une lutte acharnée contre le nazisme et une amitié tumultueuse avec Klaus et Erika, les enfants terribles de Thomas Mann. Issue d'une riche famille d'industriels zurichois, elle est devenue célèbre sous le pseudonyme de Christina – héroïne tragique de *La Voie cruelle*, d'Ella Maillart. Le 6 juin 1939, toutes deux quittent Genève dans la Ford Roadster Deluxe que le père d'Annemarie vient de lui offrir. Destination : l'Afghanistan. Sous le titre *Où est la terre des promesses ?* sont rassemblés les textes tout à la fois journalistiques et poétiques de l'autre voix de ce voyage. C'est avec un même talent que l'auteure promène son errance intérieure dans l'immensité de la steppe et qu'elle s'interroge sur le statut de la femme en terre d'islam. Sous sa plume on peut lire également aux éditions Payot *La Cage aux faucons et autres récits, Hiver au Proche-Orient, Loin de New York, La Mort en Perse, Orient exils, Le Refuge des cimes* et *Toucher le cœur des hommes.*

Harriet Tubman
Mémoires

Traduit par Françoise Bouillot

Héroïne de la condition noire, Harriet Tubman (vers 1820-1913) naquit esclave et organisa des fuites massives d'autres esclaves au sein du réseau clandestin de l'Underground Railroad. Le récit de ses exploits est publié ici pour la première fois en français. Celle qu'on surnommait la Moïse noire y revient notamment sur sa propre évasion à l'âge de vingt-neuf ans et sur son rôle d'espionne durant la guerre de Sécession, révélant une femme d'un courage et d'une détermination exceptionnels. Depuis 1990, les États-Unis lui rendent chaque année un hommage officiel et national lors du Harriet Tubman Day (10 mars).

Sojourner Truth
L'Histoire de ma vie

Traduit par Françoise Bouillot

Ancienne esclave et célèbre abolitionniste, Sojourner Truth (1799-1883) est devenue par la puissance de ses prises de parole l'une des icônes du féminisme intersectionnel d'aujourd'hui. Son autobiographie, qu'elle publia en 1850, révèle une femme plus résistante que nombre d'hommes et confrontée à l'ultraviolence de sa condition d'esclave, mais soutenue par un sens inouï de l'observation, une spiritualité forte et la conviction permanente de défendre les justes causes. En outre, l'historien Pap Ndiaye a réuni dans *Et ne suis-je pas une femme ?* plusieurs de ses interventions orales, dont le discours fondateur qu'elle a prononcé le 29 mai 1851 dans l'Ohio.

Lady Mary Wortley Montagu
Je ne mens pas autant que les autres voyageurs
Lettres choisies, 1716-1718

Traduit par Pierre Hubert Anson
Édition présentée par Françoise Lapeyre,
établie et annotée par Mario Pasa

À l'été 1716, Lady Mary Wortley Montagu (1689-1782), âgée de vingt-sept ans, quitte l'Angleterre pour suivre jusqu'à Constantinople son époux, lequel a été investi d'une mission de négociateur entre l'Autriche et la Turquie. Piquante observatrice des mœurs ottomanes, elle s'intéresse à la façon dont les Turcs recourent aux inoculations contre la variole et soumet ses jeunes enfants à l'usage local. (Lorsqu'elle voudra faire appliquer cette méthode dans sa patrie, elle affrontera les foudres de l'opinion et des religieux, bien qu'elle soit soutenue par la princesse de Galles.) La présente sélection de lettres s'attache en outre aux étapes de la voyageuse à travers l'Europe pour rapporter sa découverte de la cour de Vienne et du Paris de la Régence grouillant de créatures ridicules. Une traduction de 1795 restitue à cette correspondance toute sa saveur, car Lady Montagu est bien à sa façon une marquise de Sévigné ou une Palatine *made in England*.

M.P.

pca
cmb
édition pré-presse
livres numériques

44400 Rezé

IMPRIM'VERT®

Achevé d'imprimer
en avril 2022
par Corlet Imprimeur
14110 Condé-en-Normandie

Dépôt légal : avril 2022
N° d'imprimeur : 22020401
Imprimé en France